The English Country House
- Explained -

図説

イングランドのお屋敷
～カントリー・ハウス～

トレヴァー・ヨーク 著　村上リコ 訳

by Trevor Yorke

マール社

著者　トレヴァー・ヨーク　Trevor Yorke
画家・作家。
子ども時代から、ずっと古い建物に強い興味を抱いて育つ。学生時代も、ひまさえあれば自転車で南イングランドをめぐり、歴史的建造物、運河、鉄道を描いたり、調べたりしてすごしていた。インテリア・デザインの仕事をしながら、イングランドの建築について夜間クラスで学び、やがて古い建物についての本を書き、イラストも描くようになった。現在までに、英国の驚異的な建築や工学技術について30冊ほどの本を出版。これらの本には、みずから手がけた挿絵や図解や写真をふんだんに盛り込んであり、ほとんど基礎知識のない初心者にもわかりやすいものになっている。趣味は、丘を歩くこととサイクリング。妻と二人の子どもと一緒に、イングランドのピーク・ディストリクトのはずれにある小さな町、リークに住んでいる。

訳者　村上 リコ　Murakami Rico
文筆家・翻訳家。
19世紀から20世紀初頭にかけての英国の日常生活、特に家事使用人、女性と子どもの生活文化を中心に活動している。著書に『図説 英国メイドの日常』『図説 英国執事』『図説 英国貴族の令嬢』、翻訳書に『英国メイド マーガレットの回想』『エドワーディアンズ 英国貴族の日々』（以上、河出書房新社）『怪物執事』（太田出版）『図説 メイドと執事の文化誌』（原書房）などがある。

図説 イングランドのお屋敷
～カントリー・ハウス～

2015年10月20日　第1刷発行
2020年 6 月20日　第3刷発行

著　　者　トレヴァー・ヨーク
訳　　者　村上 リコ
制　　作　小林 佳代子（美と医の杜）
装　　丁　葛西 恵
発 行 者　田上 妙子
印刷・製本　シナノ印刷株式会社
発 行 所　株式会社マール社
〒113-0033　東京都文京区本郷 1-20-9
TEL 03-3812-5437
FAX 03-3814-8872
https://www.maar.com/

ISBN978-4-8373-0905-5 Printed in Japan

CONTENTS
目次

はじめに *Introduction*

イングランドのカントリー・ハウスとは、貴族の財産と、革新的な建築と、最先端のインテリア・デザインをしるした堂々たる記録です。同時に、世界中の芸術品と、個人の歴史を、個性的なひとつの建物にとじ込めた、みごとな美術館でもあります。それより何より、カントリー・ハウスとは、何世代にもわたって家と庭園と領地を受け継いできた領主一族の気まぐれと、その意志にしたがって家を建て替え、切り盛りしてきたスタッフの人生を映し出す存在なのです。家主たちが、昔ながらの信頼のおける工法や、地域に伝わる様式にこだわり、流行に左右されない文化を守った時代がありました。その一方で、支配階級の人びとが、古代の文化に学び、地球の裏側の異国情緒あふれるデザインから刺激を受けた進歩の時代もありました。建物にはこうした個性が表れています。

それぞれの建物は、それぞれに違ったやりかたで発展してきました。正真正銘の中世に建てられた木骨造り《もっこつづく》（ティンバー・フレーム）の家もあれば、見た目は同じように古そうでも実はコピーで、まだ100年しかたっていない場合もあります。ほとんどの家は、未完成だといえるでしょう。高価な材質を使って、このように巨大な建物を作り、最高級の内装をととのえるためには、とてつもない資金が必要になります。ですから、どんなに裕福な一族であっても、部分的に建てていくのが一般的だったのです。そのせいか、多くの家で、予算が底をついた証拠を見つけることができます。全体のバランスがおかしかったり、棟をひとつ減らした名残りがあったりすれば、それは建て主が大きな望みを抱きすぎたか、あるいは20世紀になって縮小され、貴族の支配する世の中が終わってしまったことを表しているのかもしれません。

カントリー・ハウスには、ひとつとして同じものはありません。しかし、細かい部分の奥底には、それぞれに独特の個性があり、その時々の風潮、流行の間取りや、工業技術の進歩を読みとることができます。これらのすばらしくも謎めいた建物を訪問するとき、もし、広く使われている形の特徴を前もって知っていて、あちこちの装飾や、置いてある家具の様式が、どの時代のものかがわかっていれば、より深い理解ができるようになるでしょう。本書の目的は、読者のみなさんが建物を見たとき、それがいつごろに作られたものかがわかるようになってもらうことです。なぜ、どのようにして、カントリー・ハウスが発展していったのかを解説し、その構造を細かく紹介していくことによって、建物のそれぞれの部分が、いつの年代に作られたのか判断できるようになるはずです。解説をよりわかりやすくするために、著者による手描きの挿し絵や図解、写真などをそえています。また、解説の文章で取り上げる要素は、皆さんが現在まで見て確認できるものにしぼっています。なじみの薄い専門用語は、その場で説明するか、巻末の用語集に収録しました。

本書『図説 イングランドのお屋敷 ～カントリー・ハウス～』は、３つのパートに分かれています。第１部では、カントリー・ハウスが発展をはじめた中世から、閉鎖され、売られはじめる20世紀まで、５つの時代を追っていきます。それぞれの時代において、流行の変化が、建物の構造と内部の間取り、装飾にどのように影響したかを説明します。第２部では、建物のなかに入って、インテリアの様式の違いを見ていきます。この知識があれば、それぞれの部屋が作られた年代を知り、ホールや応接間などの重要な部屋におこった流行の変化を追うことができるでしょう。また、このパートでは次に「緑のベーズのドア[1]」の奥にも入り込み、家の裏側で働く人びとの仕事場を描きだします。仕事用の部屋では、スタッフたちが生活のほとんどの時間をすごしていました。そして、庭園と領地は、作物を作り、収入源となり、パーティーの会場にもなって、貴族の暮らしを支えていました。最後のパートは、簡単な参考資料一覧になっています。本書でとりあげた大邸宅や、それ以外にもいくつかの、みなさんが訪問することのできる有名なカントリー・ハウスの情報を掲載しています。建築用語のキーワード集と、よりくわしい情報が得られるウェブサイトと文献のリストも載せています。　　　　トレヴァー・ヨーク

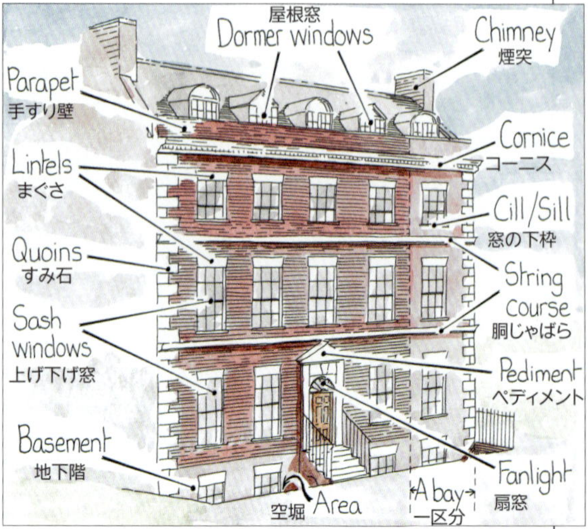

1) 家族と家事使用人の領域を隔てるドアのこと。雑音を減らすため、ベーズと呼ばれる厚い布が貼られていた。

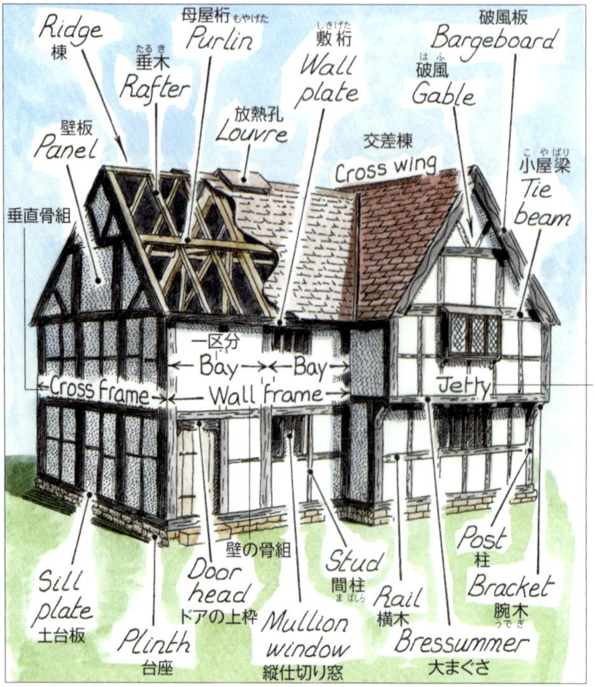

図0.1：[上] アーツ・アンド・クラフツ様式の家。**[左]** 木骨造りの家。線画の上に、カントリー・ハウスの建物に見ることのできる重要な単語を示している。

第１部

歴史のなかの
カントリー・ハウス

COUNTRY HOUSE STYLES
THROUGH THE AGES

第1章

騎士道と暴食

Chivalry and Gluttony

中世後期とチューダー朝の館

1300-1560

図1.1：リトル・モートン・ホール、チェシャー：あらゆる方向にまとまりなく広がった木骨造りの館。この建物は、1500年代初頭のホールを中心として、１世紀ほどのあいだに、ほかの部分を継ぎ足して建てられている。名高い門楼《もんろう》（右に張り出して橋につづいている部分）は1570年代に付け加えられたもので、それによって、まるでジグソー・パズルの最後のピースをはめるかのように、館は完成した。この時代の建物にはよくあることだが、つくりは不規則で、職人たちは左右対称や建物のバランスについてのルールを知らず、正面の姿がどうなろうとかまわずに建てたようだ。その結果、この目をうばわれるような窓の列ができ、トイレ棟（ガーダーローブ・タワー）が建物の真ん中に堂々と突き出しているということになった！

イングランドのカントリー・ハウスの歴史をたどる旅を始めるにあたって、まず700年ほど時間をさかのぼり、中世の時代にタイムトリップしてみよう。野心に燃えるこの時代の荘園領主たちにとっては、軍事力を持つことと、その力で敬意を集めることが、人生で最大の目標だった。自分の家で軍隊を持つことは、力を見せつけることであり、この私兵団の人数が多いほど、また彼らの領主への忠誠度が高いほど、貴族仲間における地位は高まった。忠誠のお返しに、領主は家臣たちに住まいを与え、家族のような存在として扱った。

この共同体は、領主がひとつの領地から別の場所へと移動するのに合わせて旅をした。引っ越しはおどろくほど短い期間に、おそらくは数か月ごとにおこなわれた。そのたびに長い荷物が列をなし、主人の寝台さえも運んだという！

この移動する世帯には、幅広い社会階級の人間が含まれた。貴族に属する若き騎士から、地元の農家の少年まで、その数は何百人に及ぶ。しかし、ひとつの領地に定住している者も多く、その場合は、領主が来て滞在しているときだけ働いた。こうした中世の領主館（マナー・ハウス）は11〜12世紀の城から始まっているため、そのころからずっと兵舎としての役割も果たしていた。そうなると、世帯に含まれる人間のほとんどは男性となり、キッチンのスタッフですら男性のみだった。

家族の頂点には領主がいて、その役割は、軍隊の指揮官、信心深いキリスト教徒、強力な法律の審判者、それでいて親切で、自分の家に立ち寄ったよそ者を手あつくもてなす者だった。騎士道に生き、また礼儀正しい社交界の名士でもあり、乗馬や剣術はもちろんダンスや文筆もやすやすとこなす。ここまですべてをかねそなえた理想の領主は、そう多くはなかっただろう。しかし、そうであってほしいと望むまわりの人びとからの期待は、野心的な貴族の肩にのしかかっていた。こうして彼は、盛大な宴や祝いのごちそう、もてなしによって、客によい印象を与えようと頭を悩ませることになった（領主たちの年間予算の半分から４分の３は、飲食物に費やされていた）。それだけでなく、宴の客たちと、ふくらみつづける世帯全体をおさめるための建物をどこかに建てねばならない。15世紀までには、城やマナー・ハウスは広がっていき、現在ではカントリー・ハウスと呼ばれているものの原型に近づいていた。

館の様式

この時代には、館を設計するとき、外観の様式はあまり深く考えられてはいなかった。設計者たちは、家事に使う部屋や軍事的に必要なものを優先して考え、そうすると、中庭を乱雑に建物が取り囲み、そのまわりを狭間《はざま》胸壁《きょうへき》[1]と堀がとり囲み、堂々とした門楼をくぐって内側に入る、という結果になった。たとえば、戦乱のつづく境界地帯からは遠く離れた平和な地域に建っていて、防御をかためる必要はほとんどないのに、領主たちは、富と権力を見せつける手

図1.2：ストークセイ・カースル、シュロップシャー：ウェールズとの境界に近いこのマナー・ハウスは、向かって右に見える塔など、防御のための設備を備えている。しかし、これは中央部分の14世紀のホールに、あとの時代になってから付け加えたもので、どちらかというと、ぜいたくと地位の高さを示す目的のほうが大きい。

1) 上部に凹凸をつけてある壁。

図1.3：[左] 中世の木骨造り。ひとつひとつの壁面があきらかに大きく、厚く、木材が不規則に走っている。**[中央]** 木骨の間がつまったもの（クロース・スタッディング）。南部や東部に多く、15世紀のあいだに、中世のタイプからとってかわった。**[右及び図1.1]** 小さな四角型の木骨は、ミッドランド地方と北部に見られる。とてもみごとで華やかな飾りのパーツがはめ込まれ、手の込んだ模様を描いている。

段として、とりでのような設備を作った。なかには、自分たちの私邸を城の形に建て、カースル（城）という名で呼ぶ者さえいた。

たいていの建物は、その地方に独自のもので、近くの土地で生産された材料を使い、地元の職人が建てている。とても裕福な貴族、王室、教会だけが、石材を輸入したり、名高い石工、大工を地域の外から呼びよせたりすることができた。家のおもな部分は、何世代もの昔から伝わってきた工法で作られていることがほとんどだ。流行を取り入れるのは細かい部分のみで、それはたとえば窓や扉、木骨の形といった部分に表れている。イングランド北部の高山地帯や西部地方、中部の石灰岩ベルト地帯では、たったひとつの館を建てるためだけに専用の小さな石切り場を使って石材を集めたり、ほかの地域では広く使われているような木材を、ある領地内では領主が使うために特別にとっておいたりした例が多く見られる。これらの地域にも、ローマ人の支配した時代[1]にはレンガ造りが持ち込まれていたが、その工法は、ローマ人が去ったときに一度すたれる。中世の後期になると、東部地方では、もっとも上等な建物を作るためにレンガを使うことがふたたび流行した。

館の配置

領主の邸宅は、かつてはいろいろな人間が出入りする、開かれた場だった。しかしやがて、領主とその家族のプライバシーが求められるようになると、おもな部分の間取りに影響が表われてくる。この変化は少しずつ進み、18世紀ごろにできあがった。13世紀には、開かれたホールがあり、まわりに小さな建物が散らばる形が一般的だったが、16世紀までには、数多くの部屋を収めたメインの建物に、使用人の仕事部屋や宿舎が直接つながるように変わっていった。世帯の人数が増えるにつれて、たくさんの部屋が必要になる。たとえば、領主の上級使用人には専用の住まいが与えられることも多かった。外壁で閉じられておらず、戦争にそなえたつく

1） 紀元1～5世紀。

りになっていない館では、メインの建物の中心は、たいていは開かれたホールが占めていた。ホールの片方の端は領主の私室（ソーラー）につながっており、もう片方の端には使用人の部屋があって、そこからメインの中庭に面し、門楼に通じている。礼拝堂があり、家によっては領主の私室のとなりに、家族や客のための寝室がさらに続いた。ビールは日常の飲み物で、朝食にも出されたので、醸造室があり、厩舎もあった。キッチンは火事の危険をさけるために独立した建物として建てられていた。このような施設が建物の集合体を作りあげていた。

図1.4：ハンプトン・コート、サリー：中世のカントリー・ハウスを形づくる建物の集合体は、ふつう、中庭を囲むように並べられ、入口の上にはみごとな門楼がかかっている。王室の豪華な宮殿であるハンプトン・コートの門楼の場合、出入り口の上には張り出し窓と紋章がはめ込まれている。

外観の細部

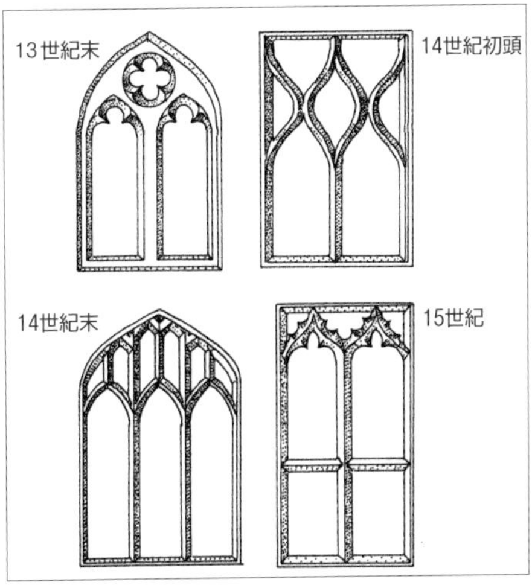

図1.5：ほとんどの窓の上の端は、シンプルな四角形で、縦仕切り（マリオン）と呼ばれる垂直の仕切りが入っていた。縦に長い窓の場合は、水平にも仕切りが入り、これは横仕切り（トランサム）という。しかし、領主が座るホールの奥の高座（デイス）のように重要な場所には、もっとドラマチックな演出が必要となり、窓には教会建築の様式をまねた狭間《はざま》飾り（トレーサリー）がつけられることもあった。トレーサリーのデザインは時代によって違いがあり、上の図を見れば、どの形がいつの時代のものかがわかるだろう。はじめは、ほとんどの窓枠のなかには何も入っておらず、木製のよろい戸か、大型の獣の皮か、または油布などのカーテンを張って閉じてあるだけだった。そもそもウィンドウという単語は、古い言葉で「風の目」からきており、窓をつけるおもな目的は換気だった。ガラスはぜいたく品で、15世紀以降になってようやく、最上級の邸宅でのみ広く使われるようになった。あまりに高価なので、領主が家を移るとき、窓枠ごと外して一緒に持っていくことも多かった。この習慣は16世紀末、ガラスを家に固定する法律ができるまで続いた。

図1.6：窓にガラスをつけることで最大の効果を得るには、張り出し窓（オリエル・ウィンドウ）、または出窓（ベイ・ウィンドウ）がちょうどよかった。多くの場合、紋章の飾りがいっしょにつけられた。16世紀にオリエルといった場合、上の階の壁から突き出している窓のことを指していたが、もっと昔には、「オーリオール」という言葉が、ポーチや階段や小礼拝堂（オラトリー）のなかに突き出した部分にあてはめられていた。おそらくオリエルという言葉のはじまりはここだろう。ベイ・ウィンドウとは、地上から立ち上がり、１階よりもさらに高い位置まで続くものを指すが、このタイプの窓がオリエルと呼ばれる場合もある。ホールの奥にもうけられた領主の高座にこのような窓をつけると、目をみはるような強い印象をあたえることができる。そのため15世紀には、この位置にあったトレーサリーつきの窓を、オリエル窓につけ替えることも流行した。これにより、古いタイプよりも多くの光を取り入れることができるだけでなく、ホールのなかにいる者がちょっと外をのぞいて誰が来たかを見ることもできるようになった。

図1.7：重要な入口には、かつて石材や木材に彫刻をほどこしたアーチが使われていた。時代の古いものでは、アーチには、はっきりととがった先端があるが、時代が進むにつれて平たくなっていき、16世紀になると上の部分がほとんど平らになった。上の図はウォリックシャーのコンプトン・ウィニエイツの門だが、このように上部の左右の角（スパンドレル）には、装飾的な彫刻や、紋章の盾が埋め込まれていることが多い。上から側面の部分を繰形装飾《くりがたそうしょく》（モールディング）という。このモールディングは、周囲を通って下まで続く。この両側部分を脇柱（ジャンブ）といって、模様のパターンは地面につく少し上の位置で終わり、最後の部分の模様はストップという。メイン・エントランス以外の出入り口では、ドア枠は建物の一部をなし、扉はふつう、ドア枠にすっぽりはめ込まれるのではなく、壁の裏からふさぐような形でついていた。扉の本体は、長い厚板（プランク）を垂直に並べて、裏側から水平に小割り板（バッテン）を打ちつけてできていた。初めのうち、厚板の幅はバラバラだったが、後世になってサイズのそろった木材で作り替えることも多かった。プランクとバッテンでできたこのシンプルな扉に、飾りのついた金属製のちょうつがいをつけて見ばえをよくするということもおこなわれ、板をつなぎあわせるのに使う釘も、模様を描くように打ちつけていた。そのほか、木骨の部品をさらに足すことによって、デザインの魅力を高めたり、さらに扉を丈夫にしようとした。

図1.8：控え壁（バットレス）：石造の建物を作る石工たちは、斜めに乗った屋根が、その下の壁を外側に押す力がかかるという問題に取り組んだ。解決法として、建物の側面の、屋根のトラス（三角形に組み合わせた梁《はり》で、屋根を内側から支えるもの）にそった位置にバットレスを設置した。バットレスの奥行きは、時代が進むとともに長くなっていった。屋根の重さのほとんどをバットレスで支えれば、壁をより薄くできるし、もっと大きく、上の枠が平らな形の窓もつけられるということに職人たちが気づいたからだ。**［上］**ホールの外側の壁にバットレスが並んでいる。**［下］**ホールのなかを見ると、バットレスは屋根の内側のトラスと同じ位置についている。とはいえ、バットレスのほうはあとから付け加えられたものだ。

図1.9：15世紀から16世紀にかけてのカントリー・ハウスには、プライベートな個室（アパートメント）がもうけられるようになった。この大きな変化は、煙突（チムニー）が使われるようになったことでようやく可能になったということもできる。この時代には、暖炉と組み合わせ煙突[1]（スタック）の全体を指してチムニーと呼んでいた。それより前にはホールの中央でたき火を燃やしており、煙は屋根の放熱孔（ルーバー）から追い出していた。つまり、以前の建て方だと２階より上には部屋を設置できなかったということになる。たき火覆い（スモーク・フード）をかぶせ、家の一部を外側に張り出させて、火を部屋の隅や端に追いやったとしても、上の階の部屋を作るのはまだ無理だった。壁際か、または側面の壁の内部に暖炉をもうけることで、はじめて上の階が作れるようになった。こうして壁のなかを通った煙は、屋根の一番低いところから出てきたので、換気をよくするためには、煙突を高くのばして屋根の頂上に立てる必要があった。こうした煙突は地位の高さを表すシンボルとなり、背が高く、飾りのついた、多角形の組み合わせ煙突を数多く並べることは、チューダー朝様式[2]のカントリー・ハウスの特徴となった。しかし、煙突がたくさんあるように見えても、そのなかのいくつかは、実際よりも暖炉を多く持っているように見せかけるためのにせものだった。

1) 上の図のように煙突がいくつかつながったもの。
2) ヘンリー7世からエリザベス1世までの治世（1485～1603年）であるチューダー朝の様式。

図1.10：エグザンプラー・ホール、1400年ごろ：カントリー・ハウスの様式の例をわかりやすく示すために、筆者が考えた架空の屋敷「エグザンプラー・ホール」へ、はじめて訪れてみよう。年代は1400年ごろ。まわりの集落は、木骨造りの背の低い建物ばかりで、２階建ての家はまばらだ。人びとの家を通りすぎると、立派な狭間胸壁に囲まれた領主館に着く。門楼をくぐって入ると、中庭を建物の列が取り囲んでいる。住人たちは中庭を横切って忙しく行き来している。正面に建つ古いホールには、大きな窓と屋根の上の放熱孔がはっきり見える。そしてホールのうしろには、火事の危険をさけるために、メインの建物とは別になったキッチンがある。見たところからは、建物が散らばって並んでいる、という印象を受ける。全体の配置よりも、飾りが多く、統一感のない、細かい部分に目がすいよせられてしまう。このいかにも中世らしい風景は、中世紀（5〜15世紀）を通じてゆっくりと発展してきた。しかし16世紀に入ったとたん、いきなりそれまでにないスピードで何もかもが変化しはじめる。新参者の貴族は、それまでとは違った野望と意志を持ち、カントリー・ハウスを自分たちの欲望と富を表現する手段として使うことになる。

第2章

富と人文科学

Wealth and the Humanities

エリザベス一世とジェームズ一世時代の館

1560-1660

図2.1：ハードウィック・ホール、ダービーシャー：エリザベス一世の時代にもっとも高名な石工の名人だったロバート・スマイズソンがデザインした。1591～97年のあいだにハードウィックのベス[1]が建てさせたもので、過去の建物と大きく違っていた点は、正面の形が左右対称になったこと、屋根が手すり壁（パラペット）のうしろに隠されたこと、窓ガラスの占める面積のほうが壁よりも広くなったことだ。この建物は外の目を意識し、見る者を感動させるために建てられており、もっとも目立つ中央の塔のてっぺんには、持ち主のイニシャルが堂々とかかげられている。E・Sはベスのフルネーム、エリザベス・シュルーズベリーを表している。

1) シュルーズベリー伯爵夫人エリザベス。16世紀の社交界で活躍した裕福な貴婦人。

英国の貴族たちが王位をめぐって争っていた15世紀頃、遠くのイタリアでは、新しい学問の方式がさかんになっていた。文法学、修辞学[2]、歴史学、詩学、倫理学などを含む人文科学にもとづいて、古代ギリシャやローマの古典文学、芸術、そして建築を新たな目で分析しなおす「文

2) 言葉の表現に関する学問。

芸復興」だ。なじみのある言葉になおすと「ルネサンス」という。ルネサンスが16世紀のイングランドに及ぼした影響は小さかった。そうなった原因は、ヘンリー八世が、キャサリン・オブ・アラゴンと離婚するために、ローマのカトリック教会と分離したことにある[1]。その結果、ヨーロッパとイングランドの文化には距離ができた。しかし、文化的に孤立していたイングランドでも、上流階級の人間たちは人文科学教育の影響を受けていたので、ルネサンス時代の進歩的な紳士たるもの、ラテン語やギリシャ語の聖書や文学を読みこなし、詩を書くこともできて当然と思われていた。また、人文科学的な思想によって、個人が裕福になって、そのことを見せびらかすという行為も受け入れられやすくなった。

戦争と疫病（ペスト）が何世代も続いたあと、16世紀末には急に裕福になる者が続出し、とりわけ地主階級でははげしい変化がおきていた。多くの貴族が、王の宮廷で権力と影響力を強め、自分の領地をうまく使って財産を増やした。鉱山の開発や土地の囲い込みでもうけた者もいただろう。とはいえ、地主ならだれもが、借地料と食料品の値上げで収入を増やした。1530年代の修道院解散により新しい領地を手に入れた者も多かった。しかし、新しい持ち主が古い修道院の建物をこわして、かわりに目もくらむような新しい家を建てだしたのは、以前の時代に比べれば平和で豊かなエリザベス一世の治世になったあとのことだった。上流階級の人数は、新しい人間が入ってくることによって膨らんでいった。小規模地主、王官の家臣たち、商人、そして法律家など、高い教育を受け、チャンスをつかんだ者たちが、地位を得て成り上がったためだ。

1603年にジェームズ一世が即位して、スペインと和解したことにより、ふたたびヨーロッパ大陸と交流できるようになった。これによりルネサンスの思想が以前よりも自由に流れ込んでくるようになる。このジェームズ一世時代、通称ジャコビアン時代[2]のあいだに、ギリシャ・ローマ文化に影響を受けた古典主義の建築を建てる先進的な人もいたが、この思想の影響がカントリー・ハウスのデザインに広くいきわたるのは、清教徒革命におけるイングランド内乱[3]が起こり、共和国時代[4]になったあとのことだった。この時代の貴族や紳士たちは、ヨーロッパ大陸で出版された建築パターンの本をひき、腕ききの石工を呼んで、自分のカントリー・ハウスを建てていた。

家の様式

エリザベス朝時代に建てられたカントリー・ハウスのはっきりした特徴には、まず、外を向

1) これをヘンリー八世の宗教改革という。離婚を認めないカトリック教会の信仰を捨てて、英国王を頂点とする英国国教会を作った。
2) ラテン語の「ジェームズ」を表す「ジャコバス」からきた言葉。 3) 1642〜1651年。国王派と議会派が争った内戦の時代。
4) 1649〜1660年。チャールズ一世が処刑され、オリバー・クロムウェルとその息子の独裁による共和制の時代。

図2.2：バーリー・ハウス、リンカーンシャー：ウィリアム・セシルが、1580年代までに、30年かけて作らせた家。とても大きなプロディジー・ハウス **[P.17]** で、どっしりと中身がつまっているように見えるが、実は中庭を囲むように建っていて、中央がすっぽりと四角く抜けたつくりになっている。数えきれないほどの窓、ひけらかすように並んだ煙突、葱花《そうか》（オジー）形、つまりねぎ坊主のような帽子をかぶった塔という、エリザベス朝の建物を代表する特徴をそなえている。

き始めたということがあげられる。中庭を囲い込むように建てられた館もまだ多かったが、正面のデザインは、見る者を感心させ、持ち主のセンスのよさと裕福さをひけらかすために作られるようになった。また、こうした新しいタイプの館は左右対称にできていた。これはルネサンス建築の特徴で、古代ギリシャ・ローマ時代の思想にしたがっている。「神々は自分たちに似せて人間を作ったので、人体は神聖なものだ。そして、われわれ人間は左右対称なのだ」という考え方だ。イングランドの建築業者たちはこのルールにしたがって、古代ギリシャやローマの古典的な模様を数多く使ったが、イタリアの建築デザイナーたちのように、飾りの大きさや比率をきちんと理解してはいなかったので、円柱やペディメントを不格好に積み重ねるという結果になった。

この時代のもうひとつの特徴は、ガラスに強いこだわりを持っていたことだ。以前よりもガラスが手に入りやすくなったとたん、建築家たちはありとあらゆる場所にガラスをはめようとしたらしい。どっしりと厚みがあった中世の壁は、キラキラときらめく長方形の窓で埋め尽くされていった。レンガはとりわけ南部、東部、ミッドランド地方に広まっていたが、材料としてはいまだにぜいたくと考えられており、違う色のレンガでダイヤモンド形の模様を描くこともよくあった。もうひとつ、エリザベス朝様式とジャコビアン様式の壁によくみられる特徴といえば、円柱の上の部分（エンタブレチュア）を横につなげたもの、あるいは胴じゃばら（ストリングコース）と呼ばれるものだ。これは、外壁の周りの２階や３階の床にあたる位置で、水平にぐるりとめぐらせた、盛り上がった飾りの帯のことをいう［図0.1、2.5］。

図2.3：ウォラトン・ホール、ノッティンガム：ロバート・スマイズソンのデザインしたプロディジー・ハウス。一段高くなった中央のホールの四隅には、円柱の形をした塔が突き出しており、城に似たシルエットを作りだしている。

プロディジー・ハウス

この時代に、なにかひとつのスタイルだけがずばぬけて流行っていたわけではない。領主たちの多くは、いまだに地元に根差した木骨造りの建物を作っていたが、窓にはたっぷりとガラスを入れ、いくらかの古典様式風の飾りも部分的に使うようになった。しかし、トップクラスの財産を持ち、外国の文化に通じている一部の人びとは、石とレンガで左右対称の館を建てるようになっていた。四隅の塔や門楼を建てるなど、城に似せた部分はまだ残っていたものの、こうした館には、大きく、縦長で、ガラスのはめ込まれた窓や、ギリシャ・ローマ風の彫刻や、飾りとして華やかに見せるために、手すり壁や、革ひも状の飾り（ストラップ・ワーク：図2.15）、アルファベットの飾りなどが使われていた。このタイプの大きなカントリー・ハウスは、ふつう、王室の訪問を受けることをねらって建てられており、「プロディジー・ハウス」と呼ばれている。

同じプロテスタントの同盟国としてヨーロッパのロー・カントリーズ[1]との交流が生まれたとき、オランダ破風［図2.6］などの飾りがイングランドにも入ってきた。しかし、17世紀の初めにヨーロッパ大陸に渡ることへの制限が少

1）現在のオランダやベルギーにあたる地域。

図2.4：左図：もともとある家に手を加えて改築した例。Ⓐ新しく付け加えられた棟。Ⓑポーチの追加。Ⓒ出窓（ベイ・ウィンドウ）。ポーチはこの出窓と左右のバランスを取るために加えられた。Ⓓホールの上に差し込まれた部屋。
右図：新しく建てた例。Ⓔポーチ。中央に置くことができるようになった。Ⓕホール。この場合は左側にある。Ⓖ使用人の部屋。右側かその後ろにある。Ⓗ屋根裏のフロア。寝室をふやすために作った。

なくなると[1]、ルネサンスの思想はますます自由に流れ込んでくることになった。この段階で、ヨーロッパの建築家たちは、古典主義のきびしいルールを守るのにあきて、それを曲げはじめていた。以前よりも遊び心のあるこのスタイルは、イングランドでは職人マニエリスムという名で呼ばれている。この様式の建築は、チャールズ一世の時代に作られていたが、流行は短く、清教徒革命によって終わった。最初の偉大な英国人建築家といわれるイニゴー・ジョーンズは、このジャコビアン時代に仕事を始めた。彼は古典主義建築の基本について誰よりもよくわかっていたにもかかわらず、王室から与えられる予算が限られていたために、デザインをした建築プランのうち、実際に作られたものは少なかった。イニゴー・ジョーンズの天才的なアイディアが、イングランドのカントリー・ハウスに影響を与えたのは、それから百年すぎてからのことだった。

館の配置

教養あるエリザベス時代の人びとは、シンボルに意味を込めて表現することを好んだ。暗号は、家の間取りにまでおよんだ。床の面がＥの形をした建物は、エリザベス女王、またはエマニュエル[2]を示していた。また、建築家のジョン・ソープは自分のイニシャルの形に家をデザインした。図形の模様、とくに円や三角形や十字の形が設計のベースに使われることもあった。たとえば、ノーサンプトンシャーにあるラシュトン・トライアンギュラー・ロッジという三角形の建物は、三《さん》位《み》一体《いったい》[3]と、持ち主のカトリック信仰を表していた。全体的に、この時代に作られる家は、メインの建物に左右の棟を直角につなげることで、床面がアルファベットのＥやＨの形を描いているものが多かった。時代がすすむにつれ中央のポーチも作られるようになっていく。最大級の邸宅になると、とても巨大なかたまりのように見えるが、実際にはメインの部屋ひとつ分の奥行きしかなく、中庭のまわりに建っているということも多かった。

カントリー・ハウスの役割は、領地の中心に存在し、人びとが共有する場から、教養ある貴

1) 16世紀当時のイングランドは当時のカトリックの強国スペインと対立し、プロテスタントの多いオランダを助けたが、17世紀のジェームズ一世は、スペインとの関係をよくしようとした。
2) イエス・キリストの呼び名。　3) トリニティともいう。「父と子と聖霊はひとつの神である」とするキリスト教の考え方。

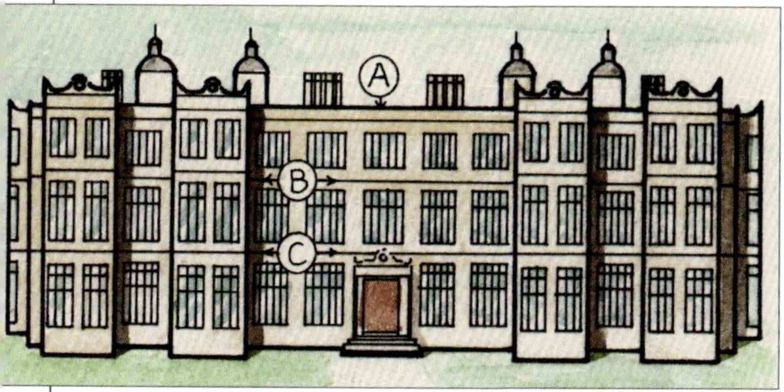

図2.5：ロングリート・ハウス、ウィルトシャー：16世紀のイングランドにおいて、ヨーロッパのルネサンス様式にもっとも近い館といえるかもしれない。正面にはたくさんのガラスが使われている。Ⓐ手すり壁が屋根を隠している。ⒷⒸストリング・コースと呼ばれる飾りの帯が、２階と３階の床の高さで、家の外壁を水平にぐるりとめぐっている。

族が私生活を送る住居に変わり、その変化は、エリザベス朝様式とジャコビアン様式の間取りに表れている。早い時期の建物では、館の主な部分をホールが占めているが、その出入り口は端にあったので、館のメイン・エントランスも中央からはずれた位置についていた。その後、左右対称が流行し、ホールという部屋が重要でなくなるにつれて、配置が変更され、エントランスのポーチが正面の真ん中に位置するようになった。かつてのホールは横長の部屋で、左右のどちらかにかたよって配置するのがふつうだった。しかし、ハードウィックの場合［図2.1］、初めてホールの向きを縦長に変えて建物の中央に置いたので、左右対称の建物にしやすくなった。このとき、ホールという部屋の役割がエントランス・ルームに変わり、現在までそれは続いている。

プライバシーが求められるにつれ、部屋の数はますます増えていき、２階から３階建てへとフロアの数も追加された。大きな邸宅では、貴《き》賓室《ひんしつ》を上の階に作り、地位の高い人びとや、できることなら王室の方々をもてなして、よい印象をあたえようとした。貴賓室には、一番縦長の窓が並んでいるので、外からでも見分けられる。家族用の私室も同じ階にあったことだろう。一方、使用人たちは、17世紀にかつてのホールがエントランス用の部屋に変わると、別に使用人ホールを与えられ、そこで主人一家と分かれて食事をとるようになった。この時代には、キッチンをメインの建物内部に作ることも可能になった。むき出しのたき火ではなく、石とレンガの壁に埋め込まれた暖炉で調理するようになったため、火事の危険がぐっと抑えられるようになったからだ。出世をめざす領主たちは、こぞってロング・ギャラリーを作ったが、ほとんどこの時代のみに限られている。ロング・ギャラリーとは細い四角形の部屋で、ふつうは建物の横幅か奥行きの長さをまるごと使ったため、片側か、または場合によっては両側の壁に、ずらりと窓が並ぶことになった。

図2.6：ブリックリング・ホール、ノーフォーク：ねぎ坊主型の帽子をかぶった塔、オランダ破風（ここでは四分《しぶん》円《えん》と角《かど》を組み合わせた形で、中央の建物に３つ並んでいる。階段状のものも多い）、そして屋根の上には白いクーポラ［図3.15］があり、これらはみな17世紀の初頭に人気のあった特徴だ。もっとも背の高い窓は、そのフロアに貴賓室があることを示しており、この館のように、１階ではなくそれより上の階に作られることも多くなった。

図2.7：中くらいのカントリー・ハウスの透視図《とうしず》。この時代に人気のあった間取りで、ホールの反対側に使用人エリアがあり、出入り口でつながっている。ロング・ギャラリーは、片方の棟を使ったり、このように家の側面の長さをまるごと占める場合もあり、2階か3階に置かれたかもしれない。

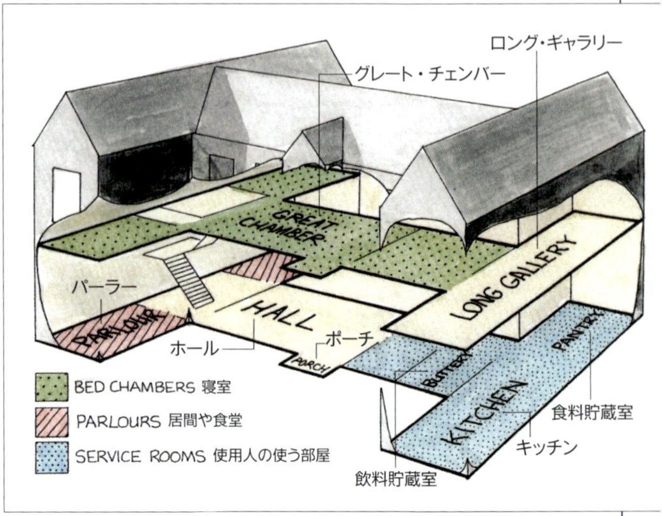

図2.8：ハットフィールド・ハウス、ハートフォードシャー：ジャコビアン様式の館。このように南正面の中央部分を拡大してみると、はっきりとルネサンスらしさが感じられる。地上の階には開いたアーチが並び、ロッジアと呼ばれる柱廊《ちゅうろう》を作っている。古典様式の柱や付《つ》け柱《ばしら》(ピラスター)や、オランダ破風は、すべて当時のヨーロッパの建物を模したもの。中央のポーチの左右を2本ずつの柱で飾るのは、16世紀後半から17世紀初頭によく見られるデザインだ。

図2.9：16世紀から17世紀初めのカントリー・ハウスでよくある形の窓。ほぼ例外なく正方形か長方形の窓枠で、固定された支柱が水平方向（トランサム）または垂直方向（マリオン）に数多く入っている。当時はまだ大きなガラス板を作る技術がなかったので、小さなガラス片を、細い鉛の桟をひし形に組んだところにはめ込んでいた。さらに金属の支柱を中央あたりに内側からセットして、ガラスがこわれないようにしていた。

図2.10：この時代には、暖炉ひとつに一組ずつの組み合わせ煙突を、その暖炉の上に来るようにして、この例のように一列に並べて置くことが多かった。レンガと石材を使い、目立つ帯状の飾りで上部を囲んでいることも多い。17世紀ごろには、この帯はしだいに目立たなくなっていった。

図2.11：この角の塔は16世紀から17世紀初めにはおなじみのものだった。レンガでできており、角に色の違う石がセットしてある（すみ石という）。そして、特徴的なS字型カーブ（葱《そう》花《か》形《がた》、またはオジー）を描く屋根をかぶっている。

図2.12：中世のエントランスはおとなしいものだったが、この時期には、けばけばしいというか、ものによっては、むしろ不格好ともいえるポーチに変わった。この時代のものだと見分けられるポイントは、背が高く、幅が狭いこと、何段も積み重ねられた古典風の飾りや柱、そしてその下にある、上の部分が丸くなった出入り口だ。写真はチェシャーのライム・パーク邸の北側正面で、ここであげたすべての要素をそなえているのに加えて、あとの時代になってからてっぺんに彫刻がつけ足された。

図2.13：「ひし形」模様のレンガ積み。高温で焼くことで色を濃くし、あるいは火を入れるときに塩を加えたレンガで模様を描いている。この当時、レンガは敷地内で手作りされることも多く、機械生産の現代のレンガよりも細長いのがふつうだ。積み方を変えることよって表面に出る模様のパターンは、ボンディングと呼ばれている。そしてこの時期には、レンガの小口面（ヘッダー）と長手面（ストレッチャー）の段を交互に積んでいくイングランド積みが人気を集めた。

図2.14：建物の外壁に沿って一番上に立ち上がり、屋根を隠す手すり壁があることにより、堂々としたギリシャ・ローマ風のイメージが強くなる。また、イニシャルを使った飾り（[図2.1] でハードウィック・ホールの塔の上に見える文字）や、この図のように石細工で言葉を作ることもこの時代に流行した。

図2.15：石壁の上に少し突き出した、平らな石細工の、うずまきと直線を組み合わせたような模様のことを、革ひも状の飾り（ストラップ・ワーク）という。1580～1620年のあいだに流行し、建物の外側とインテリアの両方に使われた。

図2.16：エグザンプラー・ホール、1600年ごろ：中世のエグザンプラー・ホールに訪問してから200年がすぎた。このところの領主たちは、ほどほどに出世していた。家族の館をまるごと建て替えることはせず、飾りを加えている。エントランスは印象的なレンガづくりの門楼にし、その奥の庭は、いまや新しい住居エリアと使用人の使う建物に囲まれている。メイン・ホールの中央に、左右対称を作るために小さな努力をしたあとが見られる。それは、左側は大きな角型の出窓、右側には背の高いポーチを作ってつりあいを取っているところだ。メインの建物の右側には新しいキッチンが建てられ、建物のうしろの、キッチンが以前あったスペースは庭園に変わっている。

このような地主の中規模のカントリー・ハウスは、いまだに専門ではないアマチュアの建築家が手がけており、ときには伝統的な英国の形と、外国からやってきた最新流行の古典主義の飾りを不器用に混ぜたようなものになることもあった。1660年代からあとには、新しい貴族や職人たちが、ヨーロッパ建築の理論や様式に関する知識をたくわえ、以前よりも大胆で奥深い構造の新しい館を建てるようになった。やがて、より小規模な地主たちがそれを真似ることになる。

第3章

商業と科学
Commerce and Science

王政復古時代とウィリアム三世とメアリー二世時代の館

1660-1720

図3.1：ベルトン・ハウス、リンカーンシャー：この館は17世紀末に建てられたもので、ロジャー・プラットが手がけたロンドンのクラレンドン・ハウスに似ている。クラレンドン・ハウスは、バークシャーのコールズヒルとならんで、この時代に数多くのカントリー・ハウスのデザインに影響を与えた。ベルトン・ハウスは1684年から1687年の短い期間ですばやく建てられた。驚くべきことに、お手本となったクラレンドン・ハウスは17年のあいだしか存在せず、ベルトン・ハウスの建設が始まる前にすでに解体されていた。

信仰と憲法に対する意見がぶつかったため、1642年に清教徒革命によるイングランド内乱が発生し、議会派が勝利したときには、数多くの貴族や地主が戦死し、あるいはフランスやロー・カントリーズに逃亡していた。亡命していた人びとが戻ってきたのは、ようやく1660年になって、王政復古が成立してからだった。人びとはチャールズ二世の復帰を歓迎したが、議会は王を警戒し、王の権力を制限して、支出をしめつけた。そのため、チャールズ二世はフランスのルイ十四世にお金の援助を頼むことにした。

清教徒と教皇派（ローマ・カトリック）の宗教的な対立が深まるなか、チャールズ二世は争いに火がつかないよう慎重に行動し、死にぎわのざんげのときまで自分の真の信仰を告白しなかった。自分がカトリックであることをチャールズ二世は隠していたが、1685年に王位をついだ弟のジェームズ二世は秘密にしなかった。やがて、ジェームズ二世に息子が生まれたことがきっかけとなって、ことは動いた。貴族たちの集団が、チャールズ二世の娘メアリーの夫である、プロテスタントのオラニエ公ウィリアムを呼び寄せたのだ。ウィリアムは侵略してきて王位を要求した。このとき法律にしたがって王位がゆずられたことは名誉革命と呼ばれ、それにより、議会の力はさらに強まり、王よりも貴族のほうが強くなった。結果として、貴族たちはますます裕福になるチャンスを手に入れた。とりわけ新体制になったとき官職につければ、副収入が見込める。議会には新しい権力が与えられ、王がお金を集めたいときだけ貴族を呼び寄せるのではなく、定期的に開会されるようになった。これにより、社交のシーズンというものが発展した。地主たちは、伴の者を引きつれて、議会に出席するためロンドンに乗り込んでいく。その多くは、冬のあいだ自分のカントリー・ハウスを出て、おしゃれな都会の家を借りていた。しかし貴族のなかにはその逆を行き、ロンドンの家を人に貸すことで収入を増やしながら、自分は田園地帯の館と土地の開発に集中する者もいた。政治の状況が安定して、地主たちが大規模な邸宅を建てられるだけの自信を得たためだ。

当時は、商業革命の時代でもあり、多くの上流階級の人間たちは、外国での事業で豊かになっていった。科学もまた、自然を理解し、コントロールしたいという人間の願望のもとに花開き、当時の人びとが信じていた「世界の果て」の境界をものともせずに発展していった。新しい科学教育によって教養を身につけた紳士と、読み書きもできず、いまだに中世の迷信にとらわれている使用人のあいだの溝はひろがるばかりだった。こうした主人と使用人たちが同居する建物は、主人が考えて建てることがまだ多かったが、建築家の力も借りるようになっていた。この場合の建築家は必ずしも職業的なプロであったわけではなく、ヨーロッパを訪れて建築様式の最新流行を研究し、古典様式建築の理論を理解した、教養ある紳士だったかもしれない。本格的な建築学の教育を受けた人はほとんどいなかった。たとえばジョン・ヴァンバラは海軍の士官、クリストファー・レンは解剖学者だった。とはいえ、このふたりのように創意工夫の才能を持った人間が、石工や大工にかわって、カントリー・ハウスのデザイナーを務めるようになった。

図3.2：サドベリー・ホール、ダービーシャー：主な部分は1660年代から70年代に建てられた館だが、時代おくれにも、流行の先取りにも見える。この南正面には、クーポラ、パラペット、屋根窓や簡素な四角の煙突など、当時の流行りに乗った部分が見られるが、ひし形の模様をつけたレンガ積みと、ジャコビアン様式の縦仕切り窓は、建てられたときにはすでに流行おくれになっていた。こうした部分はおそらく館の持ち主だったジョージ・ヴァーノンの趣味だろう。この時代にもまだ一部には、彼のように自分の館を建てるにあたって建築家の役割を兼ねる主人もいた。

館の様式

国王と宮廷の家臣たちが1660年に復活したとき、彼らはフランスやロー・カントリーズで流行していた最新の古典主義建築趣味を持ちこんだ。こうした新しいデザインがあまりにも流行したので、自分の領主館を以前からの地元の工法で建てようと思う地主はほとんどいなくなった。この時代のカントリー・ハウスとしてもっとも見分けやすい特徴は、イニゴー・ジョーンズのデザインから発展した。その他に少しあげるなら、サー・ロジャー・プラットによって1650年代初頭に建てられたバークシャーのコールズヒルがあるが、現在では解体されている。また、オランダに逃亡した人びとが目にしたオランダ式パラディオ様式の邸宅の影響もある。これらの建物の特徴は、簡素な正面、張り出したすみ石（クワイン）、縦長で、二列に並んだ、だいたい同じ大きさの窓、大きく張り出した白いコーニス。さらにその上には、突き出した寄棟《よせむね》屋根《やね》、その途中に置かれた屋根窓の列、太い四角の煙突など。てっぺんにクーポラ［図3.15］が突き出していることも多かった［図3.4］。

バロック様式

建築様式の名前は、次の世代の建築家たちが、時代おくれだとかふさわしくないとみなすものに対する侮辱としてつけられたものがほとんどだ。バロック様式の場合は、17世紀末から18世紀初頭の最大級の邸宅について、奇抜な形や豪華な飾り、バランスの悪いシルエットを指して後世の批評家が名付けたものだ。バロックとは、フランス語のバロッコという言葉からきたもので、「ゆがんだ真珠」という意味がある。16世紀のカトリック教会が、プロテスタント派の勢いに対抗しようとした改革から生まれた新しい芸術の形式で、永遠に変わらない天国の性質によって、見る者を感動させ、圧倒するためにデザインされていた。この変化がよく出ているのは肖像画だ。エリザベス一世時代には、紳士の

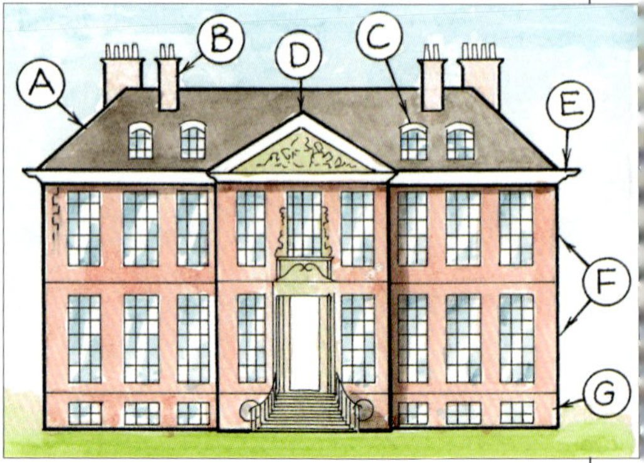

図3.3：アップパーク、サセックス：オランダ様式の館。正面の構成は以下の通り。Ⓐ寄棟屋根Ⓑ簡素な四角形の煙突　Ⓒ屋根窓　Ⓓペディメント　Ⓔ張り出したコーニス。Ⓕ二列に並んだ縦長の窓のうち、下の列の方がわずかに背が高く、このフロアに貴賓室があることを示す。Ⓖ反対に、一番下の列の窓は半分の高さで、地下の部屋に明かりを取り込んでいる。

肖像は平面的に描かれ、腰に手を当てたポーズで直立していた。しかし、それからほんの数十年後に、ヴァン・ダイクの描いたチャールズ一世の肖像画は、跳ね馬に乗る動作をあますところなくとらえた、新しくダイナミックな表現になっている。見渡す限りの遠景（ヴィスタ）を背後に、周囲には天使が飛んでいる。この変化は建築物にも表れることになる。貴族たちの多くがフランスに刺激を得て、ドラマチックで、壮大で、堂々としたスタイルのカントリー・ハウスを作ろうとしたためだ。

このような様式で1600年代末に作られた、ブレニム・パレスやカースル・ハワードのような館は、とてつもなくスケールが大きかった。正面には出入りのための階段か、あるいはスロープがあり、小尖塔《しょうせんとう》（ピナクル）や塔が描くシルエットは、中世の城を思わせるが、同時にヨーロッパの建物にも影響を受けていた。英国バロック様式の期間は短かったが、この様式で建てられたほかの建物は、たとえばチャッツワースのよ

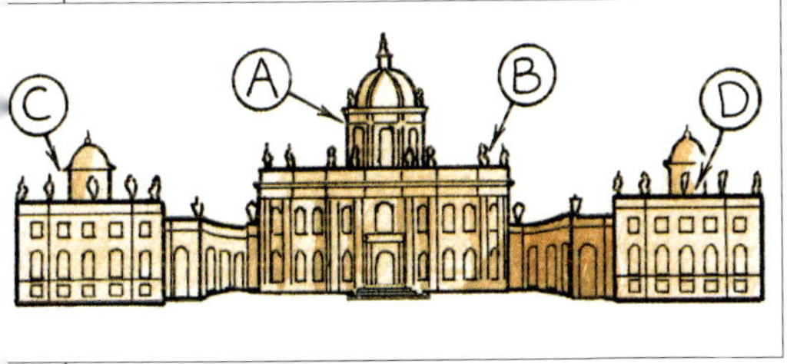

図3.4：カースル・ハワード、ヨークシャー：Ⓐドーム　Ⓑ手すり壁に沿って立てられた彫刻　Ⓒ使用人の仕事部屋が収められた棟　Ⓓこの棟は厩舎として使うことを考えてデザインされたが、実際には30年後、宿泊用の部屋に変更して建てられることになった。

図3.5：ブレニム・パレス、オックスフォードシャー：この巨大なバロック様式の館における中央の建物は、ジョン・ヴァンブラが中心となってデザインした。窓には、かつては壁の一部に組み込まれた縦と横の仕切り（マリオンとトランサム）が使われていたが、現在では細い桟に変わっていることに注目してほしい。上段の窓の上部は、アーチ型になっており、地下階の窓は丸い形をしている。巨大な付け柱と、こみいった装飾のポーティコ（エントランスの前に立つ円柱の上にはペディメントが乗っている）はこの時代によく見られるデザインだ。

うに、部分ごとに建て替えたか、あるいはもともとあった建物の表面だけを作り変えたようで、どちらにせよ、すでにある形を変えることは難しかった。様式の特徴が目立つのは、正面の細かい部分だ。エントランスの両脇には大きすぎる棟があり、縦長の窓は上の部分が丸くなっているものもある。窓や扉のまわりはごてごてとした装飾が囲み、屋根にはぐるりと手すりがめぐらされている。屋根の上にはギリシャ・ローマ風の壺型の飾りや彫刻が立てられて、屋根の上の手すりが、低くなった煙突を隠している。こうした装飾には人気があった。

館の配置

王政復古後、カントリー・ハウスの間取りにおこったもっとも大きな変化は、二列の部屋割りで、これは奥行きにふたつ分の部屋を並べるという配置だ。この時代の終わりごろには、地下階を作ることもほぼあたり前になっていた。主人と使用人の身分の溝がますます広がっていた時代において、地下階は都合がよかった。家を動かす機関室ともいえる使用人の部屋を、視界から消し、においや騒音も追い払うことができたからだ。また、地下階の天井は石造りかレンガ積みのアーチ型になっていて、キッチンでの火事の危険を抑えていた。とはいえ、使用人の部屋にも多少の明かりは必要だったので、背の低い窓の列を建物の一番下につけた。この窓があるため地下室を完全に地面の下に埋めることはできなかった。逆に、半地下の階ができると、地上階は地面より上に持ち上がる。こうして、エントランス前の表階段を作ることによって、訪問者により強い印象を与えられるようになった。オランダ様式の館では、一番上には屋根裏のフロアを作るのが一般的だった。巨大な斜めの屋根のタイルから突き出した、小さなくさび型のドーマーと呼ばれる屋根窓は、この階に明かりを入れるたったひとつの方法だった。こうして、４つのフロアを作って部屋を振り分けることにより、カントリー・ハウスはより小さくまとまったサイズにできるようになった。また、部屋の間取りも17世紀のあいだに変わっていく。コールズヒルのような館では、この時代にもまだ貴賓室を２階に置いており、以前に

図3.6：チャッツワース・ハウス、ダービーシャー：
[上] 南正面。1687年、デヴォンシャー公爵の依頼で、ウィリアム・タルマンがこの新しいバロック様式のデザインを作った。とても大きな付け柱と、手すり壁の上に並んだ壺の彫刻が目立つ。**[下]** 西正面。この西側を作り替えた時、公爵はタルマンとケンカしていたので、おそらくこの面は公爵自身が石工たちの助けを借りてデザインしたものだろう。中央のペディメント（中央上部の三角形の部分）には紋章が入っており、当時としてはよくある特徴だ。1702年に完成。

も増して飾り立てた階段をのぼって入るようになった。家によっては、この階段はホール自体に収められるようになり、現在と同じように、客を迎えるエントランス・ホールとしての役割へと格下げになっていた。階段をのぼった上の階では、前の時代には部屋から部屋を通り抜けて移動していたところ、廊下ができて、そこから部屋にたどり着けるようになった。廊下はフロアの中央を、家の横幅の端から端まで走っていた。この廊下を、手前側と奥側に並んだ部屋の列でサンドイッチのようにはさむという間取りは、当時よく見られたが、それは外観の左右対称を家の内部にも持ち込んだ結果だった。

後期バロック様式の家では、貴賓室を１階に置くことがふつうになったので、ホールに大階段を作る必要はなくなった。そのかわり、客たちはホールを通り抜けて、その奥にあるサルーンにまっすぐ入り、そこで右や左に曲がって、豪華なウィズドローイング・ルーム[1]と寝室に入っていった。こうした部屋を、館の奥側に一列に並べ、出入り口もそろえて並べるという間取りが流行した。この間取りは縦列《じゅうれつ》（エンフィレード）と呼ばれる。この時代にはおごそかに行列するような礼儀作法《れいぎさほう》が大切にされていたため、このような間取りで館の横幅をできるだけ長くすることは、ある種のステータス・シンボルのようになった。より規模の大きなバロック様式の館は、スケールの壮大さを強調するために、中心となる建物や、エントランス・エリアの側に、独立した中庭を作っていた。そのうちひとつは、ふつうはキッチンなどの使用人の仕事部屋を収めたもので、においや騒音を減らすために主人たちの晩餐室とは離してあった。もうひとつの中庭には馬小屋や馬車の倉庫が建っていた。

1) 食事のあとに引き下がって（ウィズドローして）談話する部屋で、のちに略して応接間（ドローイング・ルーム）と呼ばれる。

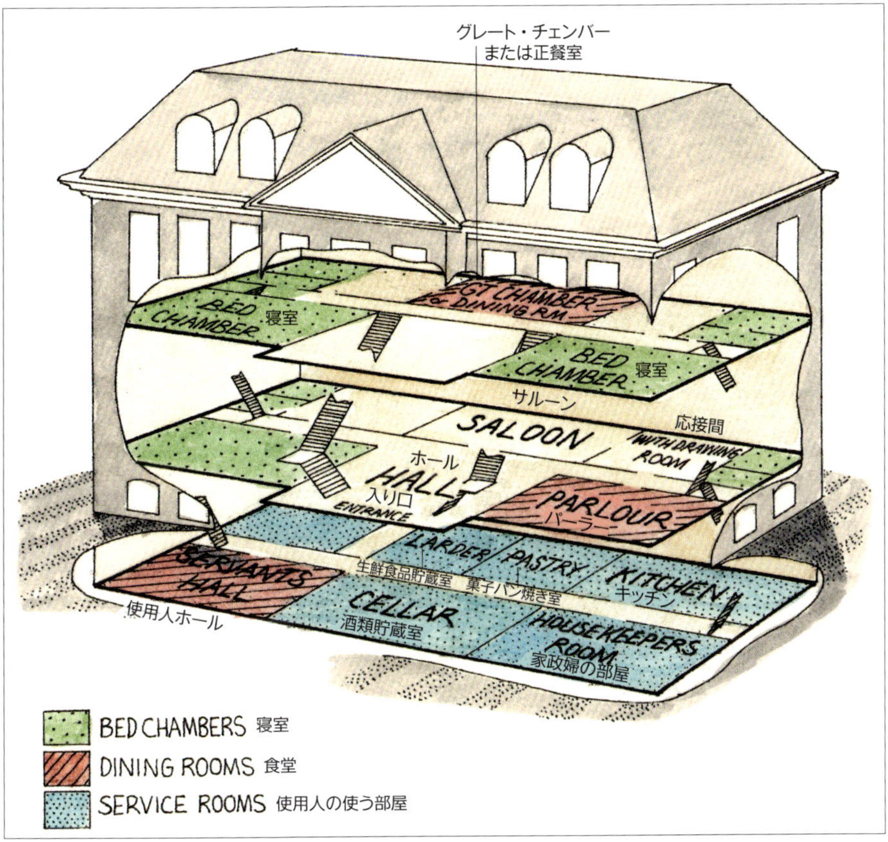

図3.7：架空の王政復古様式の館の透視図。貴賓室はいまだに２階（ファースト・フロア）にあり、主人一家の部屋は１階（グラウンド・フロア）、そして使用人の部屋は地下にある。

図3.8：縦列《じゅうれつ》（エンフィレード）の間取りの例。バロック様式の館においては、主要な部屋は1階に置かれたので、ホールに巨大な階段をもうける必要がなくなったことに注目してほしい。ひっそりと隠れるように配置された階段が、家族のプライベートな部屋に通じていた。

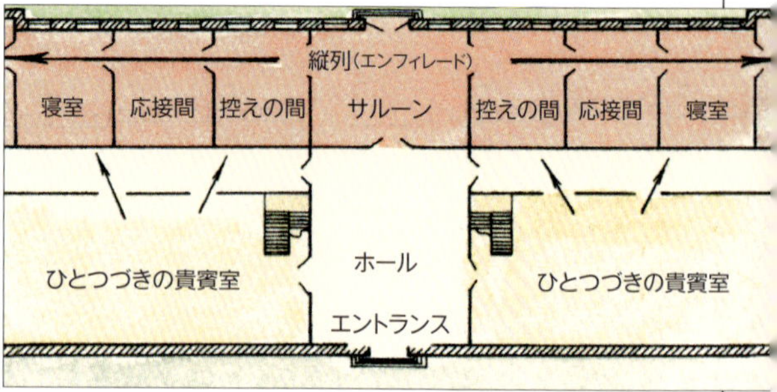

外観の細部

図3.9：扉や窓の形は四角ではあるが、その上に分割された弓形のアーチ［**左**］を乗せたり、渦巻きの装飾をつけた腕木《うでぎ》（ブラケット。右の写真のドア枠上部の左右にあるもの）で三角形のペディメントを支えることもあった。弓形と三角形のペディメントは、正面のデザインや屋根窓に、交互に並べて使うこともあった。バロックの館においては、とにかく堂々とした出入り口が作られることが多く、左の図の場合は、アーチの頂上のくさび石（キー・ストーン）によって、ペディメントを真っ二つに割るかのような形をとっている。扉の左右の付け柱に、水平の溝が刻み込まれているのは、ラスティケーションと呼ばれる装飾のスタイルだ。これは建築家ジョン・ヴァンバラのお気に入りの装飾方法だった。

図3.10：バロック様式の家に使われるアーチ型と丸型の窓。

図3.11：1680年代に、初めて上げ下げ窓が現れ、またたく間に人気となった。時代がすすんでから、窓だけを取り替えるということはとても多いので、窓の形をもとにカントリー・ハウスの作られた時代を判断しようとするのは危険だ。しかし全体的に見て、上げ下げ窓の年代が古いほど、ガラスを仕切る桟《さん》は太く、また、桟で仕切られたガラスの面の数も多いということは言える。

図3.12：オランダ様式の館によく見られる特徴は、彫刻をほどこした腕木に下から支えられ、大きく張り出したコーニスには、繰形装飾《くりがたそうしょく》（モールディング）がほどこされていることだ。コーニスの上に屋根窓をもうけ、窓の上には三角形と弓形のペディメントを交互につけることも流行した。

図3.13：バロック様式の館の一番上の部分を飾る手すり壁（パラペット）。屋根と煙突を隠す効果がある。壁の上に壺や彫刻があることにより、はっきりとバロック様式に特有のシルエットを生み出している。

図3.14：古典様式の渦巻き模様と花や果物の綱飾りは、建物の外観やインテリアの飾りとして、17世紀末後半から18世紀前半に人気があった。

図3.15：屋根の真ん中にとりつけられた石づくりのクーポラは、目立つ特徴となっている。館の主人や客たちは、ここから大邸宅の周囲を取り巻く大庭園の眺めを楽しむことができた。クーポラは17世紀の後半にとても流行した。ふつうドーム状の屋根がつき、クーポラの立っている平らな屋根の端にはぐるりと手すりがついていることも多かった。しかし残念なことに、のちの時代に館のデザインが作り替えられるとき、手すりもクーポラも外されてしまうことが多かった。

図3.16：エグザンプラー・ホール、1700年ごろ：ここまでの１世紀ほどの間に、まとまりのない中世の建物はきれいさっぱり姿を消し、かわりに新しく左右対称のオランダ様式の館が建てられた。以前から残っているのは古い礼拝堂と、そしてその礼拝堂と隣の教会のあいだにある壁だけだ。右側に向かって庭が広げられて、以前は野原だった場所に新しい馬小屋の中庭（ステイブルヤード）ができ、そこへ入るためのアーチ型の出入り口が作られた。館の後ろ側には段差のあるテラス式庭園が造られている。庭の一角に樹木が植えられ、庭づくりの工夫によって、直営農場が目に入らないよう隠された。この時代の領主たちは、物理的にも、社会的な立場の点でも、村の世界とは距離を置こうとしていたためだ。しかし、ひと世代のうちに、豪華すぎる建築様式は流行おくれで品がないと考えられるようになったらしく、順を追って、古典主義建築の理論をきびしく守った新しい館に建て替えられることになる。このことは、カントリー・ハウスをとりまく人びとの生活共同体とその外観に、とても大きな変化を引き起こしていった。

第4章

自由と感性
Liberty and Sensibility

ジョージ王朝時代の館

1720-1800

図4.1：ライム・パーク、チェシャー：チューダー朝時代に建てられた大邸宅を、ジャコモ・レオーニが1720年代にパラディオ様式のデザインへと作り替えた。建物の下の部分はラスティケーション（ルスティカ仕上げ）と呼ばれる加工をほどこした石造りで、２階の部分に縦長の四角い窓が並んで主要な階（ピアノ・ノービレ）を飾り、中央にはポーティコが張り出して、その上には三角形のペディメントが乗っている。とはいえ、付け柱（ピラスター）はバロック様式の館にも見られたものだ。

ジェームズ二世が王位を追われ、1688年に名誉革命が成立したとき、その動きを後押ししていた者たちは、強い権力を手に入れることになった。彼らは1715年にジョージ一世が王位についたときには、古い地主たちの一派を重要な地位から追い出してしまった。この有力者たちはホイッグ派と呼ばれ、言葉の起源はジェームズ二世に反対したスコットランドの伝統主義者という意味のウィグモアからきている。追い出された対抗勢力はトーリー派といって、これはアイルランドの言葉で「無法者」という意味からきており、ジェームズ二世を助けた人びとに対する侮辱として使われ始めた言葉だった。18世紀を通じて、政治の世界はホイッグ派が支配し、ジョージ三世が即位するまで、重要な地位からはトーリー派を占め出していた。この時期のハノーヴァー朝[1]の歴代の王たちは、隠遁生活を送っていたため文化に影響力を持っていたのは、高い役職についていたホイッグ貴族たちだった。

ホイッグ派のリーダーは、初の英国首相となったロバート・ウォルポールだった。ホイッグ貴族は商業や投資をおしすすめ、専制的な王政に反対して自由のために戦った。彼らは自分たちを、単なる田園紳士ではなく、長い衣とオリーブの葉を身につけたローマ帝国の元老院議員になぞらえた。息子たちをグランド・ツアーと呼ばれるイタリア旅行に送り出し、古代ローマの驚くべき芸術的遺産をじっくりと鑑賞させたばかりか、そうした品を山ほど持ち帰らせたので、芸術品を置く場所を作るために、家族のカントリー・ハウスを増築するということもよくおこなった。こうして18世紀の貴族は、珍品のコレクターから芸術の鑑定家へと変身し、館には武器を展示するよりも、本や版画を集めるようになった。おそらくは古代の建築や考古学を研究する協会に入会し、心をひらいて自分の感情に向き合ったり、自然のなかに存在する美やドラマを愛でた。いいかえれば、男性がちょっと感性豊かであっても許される時代がきたのだ。

こうしたライフスタイルを選ぶには金がかかるので、紳士たちは科学や工業、農業の発展に関する知識を利用して収入を増やした。とくに、領地からあがる利益が彼らの最大の収入源だった。進歩こそがこの時代の合言葉だった。地主がおこなった土地の囲い込みは、もっとも反発を呼んだことでもあるが、それと同時に、もっともはっきりと目に見える進歩のしるしでもあった。新しい館を建てたり、もともとある建物を増築したりすることは、こうして増えつづける財産と地位があって初めて可能になった。その一方で、昔ながらのトーリー派の地主や、抑えつけられたカトリックの家系は、役職について収入を得るという道を閉ざされたので、古く小さなチューダー様式やジャコビアン様式の家でがまんしなければならなかった。

1763年、英国がフランスを打ち負かした[2]。18世紀後半のロンドンは世界経済の中心となり、さまざまな方法で富が流れこんでくるようになった。貴族の息子たちは未踏の大海原への冒険に漕ぎ出した。海外で役職を得たり、石切り場や鉱山や工場を開発したり、貿易会社を設立したりして、巨万の富を持ち帰り、家族の財産を増やしていった。この時代の急激な発展にブレーキをかけたのが、1789年以降、フランス革命と、続けておこったナポレオンとの戦争だった。これにより、貴族と支配階級は、初めて不安を感じることになる。自由と感性と、そうした思想がフランスを連想させることが、急に不適切に思えてきた。

館の様式

この時代は古典様式の建築が中心を占めた。世紀の終わりごろにはアマチュアではなく職業的なプロの建築家によって作られるようになっていた。古典様式でないデザインの館は、18世紀の最後の10年になるまではほとんど作られなくなり、古代ギリシャ・ローマの比率に関するルールと、円柱と装飾の様式（オーダー）は、テラスハウス[3]にまで普及していた。洗練されたジョージ王朝時代の貴族にとっては、趣味の良さが何よりも重要なことで、自分のカントリー・ハウスには、古典様式建築のルールを守ったり円柱を飾ったりしてそれを表現しようとした。かつてバロック時代の建築家がしたように、ルー

1）ハノーヴァー朝とはジョージ一世（在位1714〜27年）からヴィクトリア女王（在位1837〜1901年）までの治世。ここでは地味な私生活を送り、治世末期には精神障害に陥ったジョージ三世（在位1760〜20年）を特に指す。

2）アメリカの植民地をめぐって争ったフレンチ・インディアン戦争。

3）隣の家と壁を共有して長くつながった家で、田園地帯ではなく土地の少ない都市部に建つ。

図4.2：チジック・ハウス、ロンドン：この一風変わった小住宅（ヴィラ）は、1723〜29年にバーリントン伯爵がデザインした。彼はパラディオや、その影響を受けてアレンジしたイニゴー・ジョーンズをたたえるために、この二人の彫像を階段の下にすえた（上の図のすぐ外側にある）。家の間取りは正方形で左右対称に置かれており、美しさを味わうという点ではよくできているが、日常生活を送るのには向いていない。

ルを曲げることがふたたび許されるようになるのは、もっと時代がすすんでからのことだった。

パラディオ様式

ジョージ一世の治世が始まったばかりのころ、劇的に新しい様式の館が国じゅうに現れた。これは主に新しいホイッグ貴族が使ったので、その後もずっと彼らの家を連想させるものになった。この様式は、二人の男によって有名になった。コリン・キャンベルとバーリントン卿だ。彼らは派手すぎるバロックの特徴を取りはらい、純粋な古典様式の建物を復活させる決意を固めており、その意志の強さはローマのウィトルウィウス[1]や、ルネサンス後期の建築家たちにも負けなかった。彼らはイニゴー・ジョーンズの残した図面や仕事を再発見し、16世紀後半に活動したイタリアの建築家アンドレア・パラディオのデザインをほめたたえた。彼の名にちなんで、この新しい様式はパラディオ様式と名づけられた。

この新しい様式において、最初に強い影響を与えた建物は、コリン・キャンベルが手がけたロンドンのワンステッド・ハウス（1824年に解体）だ。この館の正面のデザインはパラディオ様式の特徴を取り入れていた。石造りの土台部分にはラスティケーションと呼ばれる加工がほどこされている。これは深い溝の模様をつけたり、表面を粗くしたりする加工のことだ。土台の上の２階には背の高い窓がずらりと並び、さらに３階にはより小さな窓をつけることで、２階は主要階（ピアノ・ノービレ）であって、貴賓室を収めていることを示していた。屋根の角度は浅く、ヘリの部分に飾りの多いコーニスが張り出していることもあれば、シンプルな手すり壁が外壁にそって立ち上がり、屋根を隠している場合もあった。一方で、煙突はもはや見せびらかすものではなくなったので、背は低くなり、完全に見えなくなった。パラディオ様式の館で特に目立つものといえば、巨大な三角形のペディメントを飾り柱で支えたポーティコだ。これはメイン・エントランスの雨風よけとしての役割を果たし、下から壮大な階段をのぼって入るようになっている。バロック時代の大邸宅に使われていた、流れる波のような線の模様はすっかり姿を消して、そのかわりに飾り気のない、洗練された棟を横に並べて、中央には、この時代の趣味のよい紳士にとって欠かせない、神殿に似せた建物を置くことになった。こうした建物の美しさは、形のバランスに対する原則を厳しく守り、装飾は円柱の頂上部分とコーニスくらいに限るというところからきていた。パラディオ様式は、ほかにもさまざまなデザインの要素を使い、人気となった。たとえば、チジック・

1）紀元前１世紀のローマの建築家で、建築理論書によって後世に影響を与えた。

ハウスでは、床面は四角に作り、四つの側面のすべてにポーティコをつけ、中央の建物にはドームを乗せた。ほかには、中心となる長方形のブロックのほかに、独立した棟があり、列柱《れつちゅう》[1)]や通路でつなぐという構造もある。こうした要素は、ダービーシャーのケドルストン・ホールの

1) コロネード。同じ間隔で円柱が並んでいるもの。

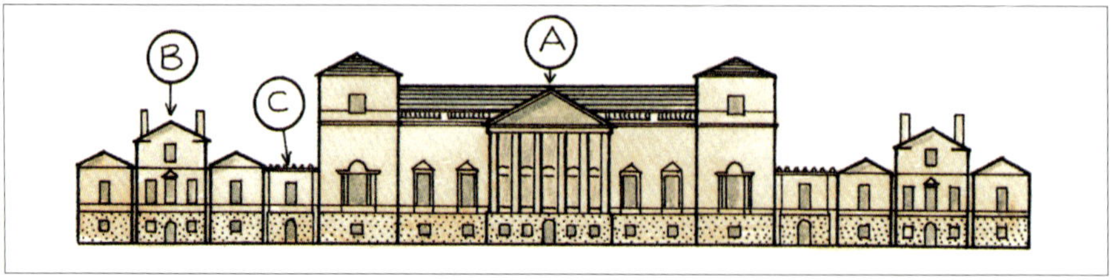

図4.3：ホーカム・ホール、ノーフォーク： バロック様式の館には、巨大な建物を曲線でつなぎ、中央にいくにしたがい大きくなるという特徴があったが、パラディオ様式の館はそれとは異なり、分離した、左右対称の部分でなりたっている。Ⓐメインの建物。中央には大きなポーティコがある。左右に塔がひとつずつついているところは、ウィルトシャーにあるウィルトン・ハウスに似ているが、そちらは100年近くも前にイニゴー・ジョーンズがデザインしたもの。Ⓑ左右の端にある棟は、メインの建物とつながっている。Ⓒこの場合に建物をつなげているのは、屋根と壁で閉じられた廊下。

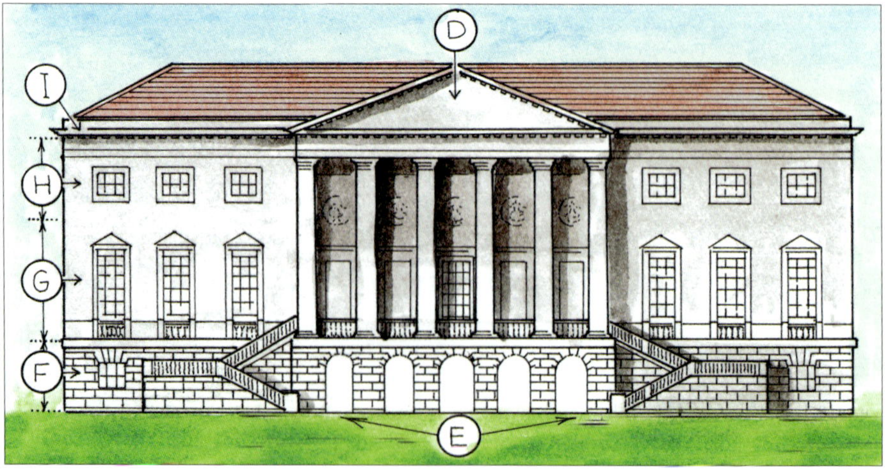

図4.4：ケドルストン・ホール、ダービーシャー： 北正面のメインの部分。Ⓓ堂々と目立つポーティコが、はっきりとしたパラディオ様式の特徴を示している。地面の上にはアーチがある。Ⓔアーチの左右には階段がついている。Ⓕ土台の階はラスティケーションが施された石造り。Ⓖ２階は主要階、ピアノ・ノービレ。背の高い窓の列がそれを示している。Ⓗさらに上の階。背の低い四角の窓の列によって見分けられる。Ⓘ壁の頂上部分にしつらえられたコーニス［**図0.1上、P.124**］は、飾り気のない正面のなかで、数少ない装飾だ。

図4.5：ケドルストン・ホール、ダービーシャー：北正面の何年もあとになって完成した南正面。ロバート・アダムによる新古典様式だ。左右は過去に作られた部分をひきついでいるが、中央部はパラディオのデザインではなく、実在のローマの凱旋門を手本にしている。この部分には、アダムの特徴である、薄く、繊細な細部の飾りをそなえている。

ような建物に影響を与えた。

新古典様式の館

18世紀半ばに現れた新世代の建築家たちは、パラディオの建築手引書には制限が多すぎると考えた。彼らはもっと想像力ゆたかで独自性のあるデザインをしたいと考え、考古学的な新発見の助けを借り、歴史上のほかの時代にインスピレーションを求めていった。この時期より前には、家のデザインはルネサンス時代の解釈か、ローマ時代の家はどのような形をしていたかと単に想像しただけのものに基づいて作られてきた。たとえばパラディオは、すべての家の表玄関にはポーティコがあったと考えていたので、コリン・キャンベルと、彼にならったデザイナーたちは、歴史的な正しさをきわめようとして、あらゆる建築物にポーティコをくっつけた。こうした建築家や、彼らに依頼したパトロンたちの働きによって、当時の上流社会が作られたといえる。しかしその一方で、同じ上流社会の力によって、ポンペイのような遺跡の発掘作業も進展し、実は、ローマの住宅の正面にはポーティコはついていなかったことが明らかになった。新世代の建築家たちは、しだいにパラディオのデザインは無視し、新たに発掘された考古学的な発見に直接あたってインスピレーションを求めるようになった。同じころ、ニコラス・レヴェットとジェームズ・スチュアートは、アテネにおけるギリシャ古代建築を初めて正確に描写した画集を出版した。ギリシャ建築のデザインは種類が少なく、さまざまな形を試したいという意欲に燃える建築家たちにとっては、すぐにまねしたいと思うほどの魅力はなかった。しかし、ギリシャの円柱や模様のパーツは、建築家の使えるパターンを増やすことになった。このように、1760年代以降に新しく発見されたギリシャとローマの形を使ったデザインは、新古典様式と呼ばれている。

新古典様式とそれ以前のパラディオ様式の違いをもうひとつあげると、古代建築のデザインを、昔のように遊び心のある形で取り入れたことだ。この時代のもっとも多作なカントリー・ハウス・デザイナーであるロバート・アダムは、ローマ人たちもみずからルールを破っていたと信じていた。彼は正面のデザインに動きと空間の感覚をもたせようとしたが、派手な飾りで建物の持つ役割を覆い隠してしまうバロック様式のことは嫌っていた。アダムのデザインでそのほかに注目すべきポイントは、曲線を使った出窓、薄いドーム、正面に堂々とそびえ立つ円柱、浅くへこんだアーチなどだ。こうした新しい様式で館を作る人びとが、ぜひとも使いたいと望んだ素材は石だった。ごく薄い石の板を貼っただけのクラッド工法を使うことも多かった。石材が手に入らない場合、レンガを使うことになる。パラディオ様式の時代はレンガがむきだしでも許されたが、新古典様式では化粧《けしょう》しっくい(スタッコ)を塗って表面は滑らかに仕上げ、溝をつけ、石を積んで作ってあるかのような色で塗った。

図4.6：シャグバラ・ホール、スタッフォードシャー：新古典様式の正面だが、はっきりと前の世代の様式が残っている。３階建てのメインの建物は1690年代に建てられたもので、その50年後にパラディオ様式の棟が両側に追加された。サミュエル・ワイアットが1790年にデザインを作り替えた。大きく、平らな屋根のポーティコをつけ、その高さに合わせて、左右の棟の上には手すり壁が張りめぐらされた。ポーティコと手すり壁で強調された水平の線は、古典主義建築のキーとなるポイントであり、この線によってさまざまに違った要素をまとめ、現在の正面のデザインを作りあげている。

図4.7：タットン・パーク、チェシャー：この邸宅は、サミュエルとルイス・ワイアットによって、1780～1813年のあいだに段階的に新古典様式に建て替えられた。外側の窓の上に浅くへこんだアーチがあり、中央部の壁に花綱《はなづな》飾りのモチーフが使われ、そして窓のまわりには装飾がないところなどが、この年代の館を代表する特徴だ。

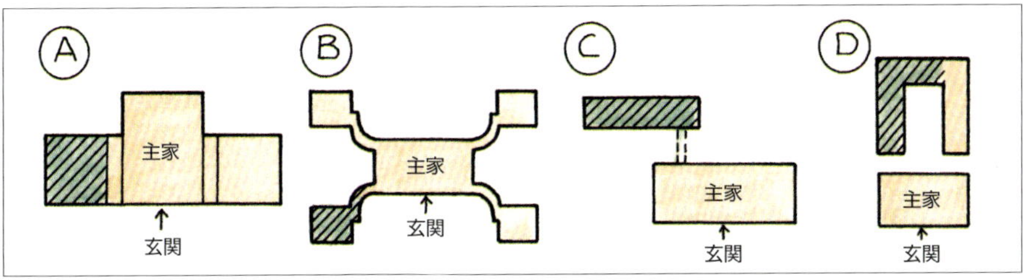

図4.8：18世紀のカントリー・ハウスを示した4つの間取り。斜線《しゃせん》をつけてあるのがおそらく使用人の部屋があったと思われる部分。Ⓐ2つの棟（ウィング）が家の正面とともに横一列に並んでいる。Ⓑ大きめの邸宅で好まれた配置で、別館（パヴィリオン）をつなげた形。Ⓒ使用人の仕事部屋を別の建物に切り離し、通路か、場合によっては地下道で行き来する。Ⓓ小さめの邸宅に使われる配置で、館の北側に中庭をもうけ、三方向から太陽の光をさんさんと受けられるようにしてある。しかし、使用人が仕事をする部屋は寒くなる。

館の配置

18世紀を通じて、貴族たちは、限られた位の高い人びとだけではなく、幅広い客を自分の館に招いてたくさんのパーティーをひらくようになったので、スペースが足りないという声が高まった。彼らはまた、ヨーロッパ旅行で手に入れてきた芸術品を飾る場所や、本のコレクションを収める図書室を作らなければならなかったし、調理や下ごしらえのために、これまで以上に特別な目的の部屋を増やす必要もあった。しかしこのようにさまざまな部屋をもうけようとしても、正面には古典様式の円柱をつけ、左右対称を守らなければならないとなると、部屋の大きさや間取りに制限が出てしまう。家の中のスペースも、古代の建築にならって正しいバランスにしたいという希望に左右されることになった。

大きな邸宅においては、主要な部屋を含むメインブロックは、床が地面よりも高くなった1

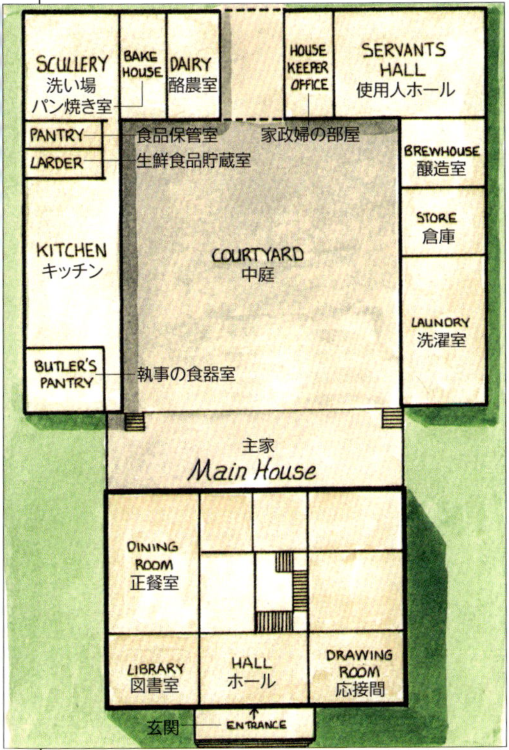

図4.9：ジョージ王朝時代後期の小さめのカントリー・ハウスの間取り。中庭を囲む使用人の仕事部屋とメインの建物が切り離されている。この中庭のエリアは、古い建物を内部に組み込んでいたり、以前はメインの建物正面だった部分を覆い隠していることが多い。

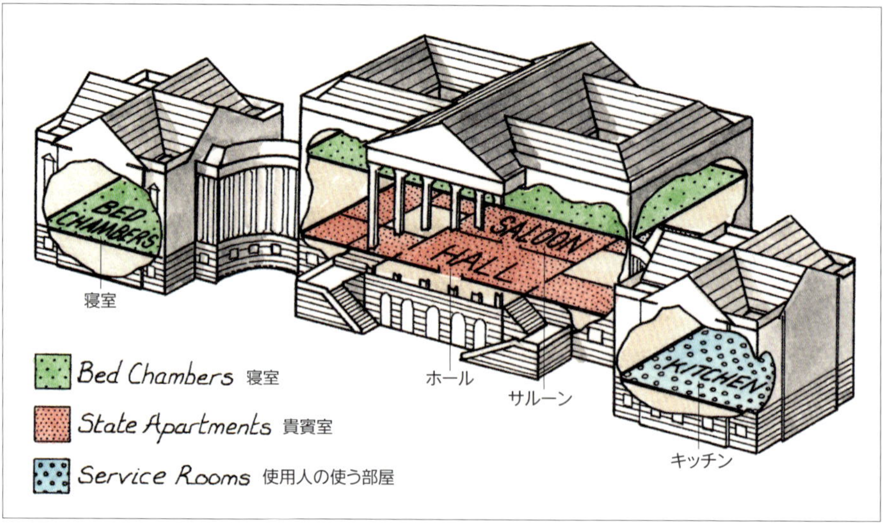

図4.10：パラディオ様式の館の透視図。ホールがあり、その後ろにはできるだけ近くにくっつけるようにサルーンが作られ、この二つの部屋が家の中心の軸となっている。そこから左右対称に部屋が配置されている。ホールやサルーンや貴賓室の上の階にも寝室はあるかもしれないが、左右にのびる別館のひとつにも、家族や客の寝室が収められていたかもしれない。キッチンは、火事の危険や悪臭を減らすために、やはり別館のひとつに置かれるが、酒類の貯蔵室のような倉庫の一部や、執事の食器室は、中心のメインの建物の地下にとどまったと思われる。

階にあり、そこから左右の別館に、廊下か、でなければ、壁のない開放式の、円柱を並べた列柱（コロネード）でつながっていた。別館の片方は追加の寝室、もう片方は使用人が働く部屋だ。このようにみごとなデザインによって、確かにキッチン区画から出てくる騒音や匂いは追いやることができたかもしれないが、メインの建物で主人たちが食べる料理は、すっかり冷たくなってしまったことだろう。中くらいや小さめのカントリー・ハウスは、ほとんどが引き続き四角形の間取りで作られており、使用人の仕事部屋を地下に置く17世紀の習慣をいまだに守っている家もあった。それ以外の家では、別棟の使用人区画を、少しひっこめて主家の片側にくっつけるか、家の裏側に中庭をもうけてその周りに建てるというやり方をとった。こうした場合は大きな邸宅の場合よりも晩餐室への距離は近くなるので、料理がテーブルに届けられたときにはまだいくらかは温かさが残っていたことだろう。とはいえ、見苦しいおできのように、館の片側にふくらみ続ける使用人棟は、注意深く景色にとけ込ませ、植木で隠してあった。ロンドンのチジック・ハウスやケントのメリワース・ハウスで使われたような、正方形の床面デザインは、部屋の間取りの自由度が低く、特に、外観をどの方向からも鑑賞できるようにデザインした場合は、使用人の仕事部屋を収めることが難しくなった。そういうわけで、あまり広く流行はしなかった。

外観の細部

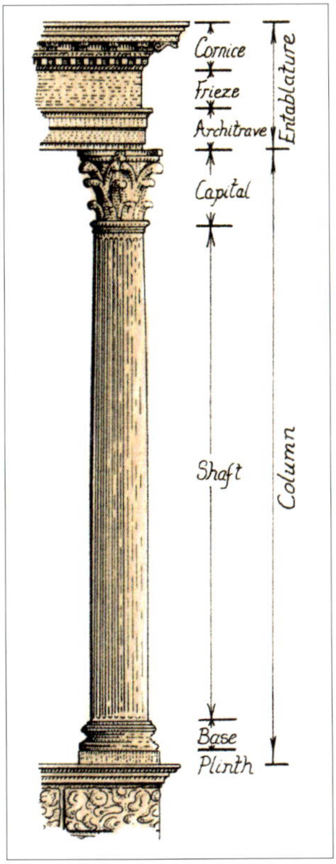

図4.11：古典様式の円柱（コリント式）を成り立たせている各部分の名前一覧表。ひとつひとつの柱は、配分や細かい部分が違っているが、柱頭を見れば、様式は簡単に区別できる。柱身は何も模様がないか、縦溝がついている。この例の場合、垂直の溝が描いてあるが、トスカーナ式であれば、かならず柱身は溝なしになる。

Cornice：コーニス
Frieze：フリーズ
Architrave：台輪《だいわ》
Capital：柱頭
Shaft：柱身
Base：柱基
Plinth：柱礎
Entablature：エンタブレチュア
Column：円柱

図4.12：Ⓐコリント式はギリシャで作られ始めたが、ローマでも人気を集め、16世紀からイングランドでも見られるようになった。Ⓑローマ・ドーリア式。柱頭に飾りのない輪がめぐっており、トスカーナ式に似ている。Ⓒ渦巻のついたギリシャ・イオニア式の柱頭。イオニア式も、16世紀からイングランドに現れた。また、イオニア式とコリント式を合わせたコンポジット式もあった。Ⓓギリシャ・ドーリア式。浅い鉢のように角度のついた柱頭が、溝をつけた円柱の上に乗っている。ドーリア式の柱は、記録によると18世紀半ばから新古典様式の館で目立って使われるようになった。Ⓔ渦巻きのついたイオニア式。ローマで作られたもの。

図4.13：18世紀のうちに、ほとんどすべての窓が上げ下げ窓になった。この時代に、窓の桟《さん》はしだいに細くなり、窓ガラスの１枚１枚は大きくなって、窓の外枠は、壁の中へとへこんでいった。18世紀が終わるころには、外枠は壁のなかに隠れるようになった。

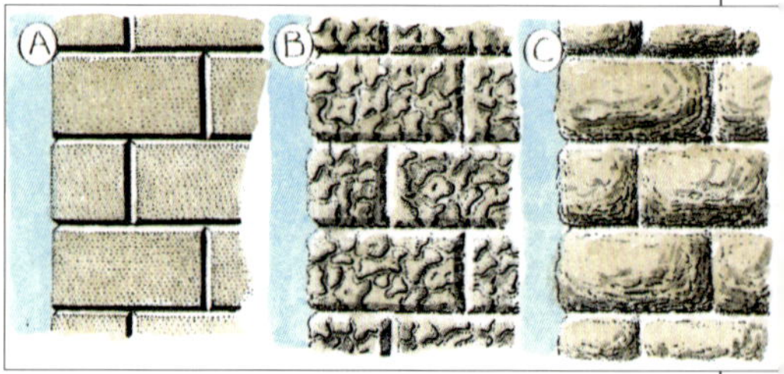

図4.15：ラスティケーションを施した石細工のいろいろ。Ⓐ表面はなめらかに仕上げ、V字状に溝を彫ったもの。Ⓑ表面に波型の模様をつけ、角を丸くした溝を彫ったもの。Ⓒまるでほんとうに切り出した石を積んで家を建てたかのように細工したもの。

図4.14：古典風でパラディオ様式の小さな家。チャッツワース屋敷の領地内にある。三角の破風をもつ左右の棟が特徴的で、１階と２階の主要なフロアにあたる部分には、長方形の上げ下げ窓が並んでいる。上にアーチがついた背の高い窓を真ん中に置き、それより低い長方形の窓で、左右から挟んでいるものをヴェネチア窓という。パラディオ様式と新古典様式の建物につける窓として非常に人気が高かった。

図4.16：ロバート・アダムは、家の外装からインテリアの細かい部分まで実際にすべてデザインした最初の建築家として有名だ。そのことによって独特のデザインが生み出され、現在にいたるまで、ロバート・アダム様式として、彼の名前で呼ばれつづけている。アダムの手がけた家の外側には、花綱飾りや、だ円状のデザインや、円形装飾（メダイヨン）、ギリシャのモチーフなどが使われている。浮き彫りの模様は、多くの場合、薄く繊細な作りだった。

図4.17：18世紀中盤のカントリー・ハウスは、多くがこの写真の例のように、薄い石の板をかぶせるクラッド工法を使うことで、少しばかり見た目をいつわっている。この写真では古いレンガ積みや化粧しっくい仕上げの壁を覆い隠し、最新型のデザインであるかのように見せかけている。

図4.18：バッキンガムシャー、ストウ・ハウスの別館。1771年にロバート・アダムがデザインした。浅くへこんだアーチがたくさんの窓を囲み、正面全体を占めるほどになっている。華やかな花綱飾りと円形装飾は、18世紀後半から19世紀初めの家の特徴だ。

図4.19：花綱飾りのパネル。この場合は、樫《かし》の木の葉を蝶結びのリボンで留めている。花綱飾りは新古典様式で広く使われたモチーフ。

図4.20：エグザンプラー・ホール、1800年ごろ：このホールの主人は、古典様式風の見た目にするため外装を変えたという以外は、メインの建物にはほとんど手を加えていない。正面にポーティコを付け加え、右側に新しい棟を建てて、宿泊できる部屋を増やしたくらいだ。むしろ、ドラマチックに変化したのは館のまわりにあるものだ。古い村は見えないところに移動させられて、新しい風景式庭園が出現し、川の流れが絵画のような（ピクチャレスクな）湖に引き込まれている。以前から残っているのは一族の埋葬所を収めてある古い教区教会だけで、これも古典様式に改装されている。

建築と庭園造りが熱心におこなわれた時代だったが、18世紀の最後の数十年間に、まずアメリカ、つぎにフランスとの戦争があったため、変化は少しスローダウンした。世の中がふたたび安定したころ、商業や工業で成功して金持ちになった新しい紳士が、貴族の階級に仲間入りしようとしていた。一方で、英国らしい伝統的な様式を追い求める動きと、大英帝国の植民地からの影響とが合わさって、カントリー・ハウスの姿は様変わりしていくことになる。それは、カントリー・ハウスが、最後の、そして最高の栄光に満ちた進歩をとげた時代だった。

第5章

帝国と産業

Empire and Industry

摂政時代、ヴィクトリア時代、エドワード時代の館

1800-1914

図5.1：ケープスソーン・ホール、チェシャー：四角の塔についたねぎ坊主形の屋根、オランダ様式の破風、縦仕切り（マリオン）入りの窓といった特徴から、パッと見た感じではジャコビアン様式の大邸宅のようだ。しかしこれは実は、1719年の建物を、1837年にエドワード・ブロアが擬《ぎ》ジャコビアン様式に建て替えたものなのだ。レンガ積みのようすや窓などを、よくよく近づいて確認しなければ、ほんものと、それをまねしてヴィクトリア時代に建てたものとを見分けるのは難しいことも多い。

　フランス革命と、それに続くフランスとの戦争は、大きな変化の前ぶれとなった。ナポレオンをおそれ、反発して、イングランドはヨーロッパとのつながりを絶つようになった。また、熱烈に愛国的になり、その表れとして数多くのカントリー・ハウスが城のような形で建てられた。進歩的思想や感性はすっかり流行らなくなり、冷静な予算の管理と、工業技術による発明品がもてはやされる時代がやってきた。古い家系の地主一族でさえ、1830年代にはそうした流行に流されるようになっていた。以前の領主たちは農地からの借地料収入で生活していた。しか

し、この時代には、地代に加えて鉱山や紡績《ぼうせき》工場やその他の工業施設（領地内に作ることが多かった）、鉄道や運河、造船、海運、株への投資や、都市部の建物の賃貸料収入なども手に入れるようになっていた。どんなに財産を蓄えても、それをすっかり使いはたしてしまうほどの支出の機会も増えていた。娘の結婚持参金、国会議員に立候補するときの運動費用、狐狩りの主催、ギャンブル（特に競馬）、客を招いて鳥を撃つシューティング・パーティー。そして、そのような忙しい社交生活に必要な部屋を収めるため、しだいに巨大化していくカントリー・ハウスの建築費用だ。地主たちの多くは、家族の領地を守り、複数の息子や娘たちに土地が分散してしまうことのないようつとめていた。しかし、お金が足りなくなってしまった貴族は、貴族階級への仲間入りをしたいという野心を抱く紳士と手を結ぶことになった。こうした野心的な新しい紳士は、土地や館を買いあさり、古い一族と結婚でつながりを作ることによって、社交界のトップランクに上り詰めようと待ちかまえていた。

19世紀の中ごろには、貴族のイメージは変わり始めた。世紀の前半にヨーロッパの革命をまのあたりにした彼らは、権力や財産にしがみつくためには、もっと自分の領地に住む人びとの面倒を見ないといけないということを自覚したからだ。かれらはその時代の文化のリーダーであり、野望に燃える中流階級に対して、とりわけパブリック・スクール[1]での生活を通して、道徳的なルールを伝えていった。理想のジェントルマンとは、信仰深いキリスト教徒、よき領主であり、そして芸術の支援者、人びとの健康と教育の向上につとめる者であった。しかしなによりも、よき夫、家庭を大事にする男であることが紳士の条件だった。

しかし実際のところは、父の代に財産を作った工業や商業には関心をなくし、かわりに政治の世界に入るという人も多かった。もっとありがちだったのは、個人の楽しみにふけることで、彼らは狐狩りや鳥撃ちに出かけ、煙草をくゆらせながらビリヤードをプレイした。古代ギリシャ・ローマ時代の芸術品を集めることは、もはやしなくなった。そのかわり、19世紀の紳士たちは自分の部屋を骨董品の家具、家族の肖像画、ペルシャのじゅうたんや観葉植物で埋めつくし、庭には世界じゅうから集めた異国の木を植えた。また、このころの人びとは、国をあげて歴史をふりかえることに夢中になっていた。新しく書かれる歴史書は、進歩よりも過去についてのものが多く、とりわけ道徳と信仰心が非常に高かった時代とみなされていた中世を扱った本が多かった。こうした思想のもとで、自分たちが属する英国のイメージを求めた先には、勇敢《ゆうかん》な騎士や、立派な職人たちが活躍する、孤立した、謎めいた世界が描かれることが多かった。これは、英国の民主主義のルーツを求めて過去を見るというよりも、新しい時代をおそれる気持ちからきたものだろう。ヴィクトリア時

図5.2：バッキンガム・パレス、ロンドン：愛国的な摂政時代を象徴するもっとも偉大な建築のひとつで、1825〜30年に建てられた。実際のところ、もとあったバッキンガム・ハウスという建物を、ジョン・ナッシュがジョージ四世のために建て替えた。ぜいたくざんまいで悪名高かったジョージ四世の性質は、この建て替えにもぞんぶんに発揮されたが、そのせいでナッシュは湯水のように予算を費やし、建築家としての名声に傷をつけることになった。

1) 伝統的に上流の男子が学ぶ中等学校。時代が進むにつれ、ほかの階級出身の希望者も受け入れるようになった。

図5.3：ハイクレア・カースル、ハンプシャー：TVドラマ『ダウントン・アビー』の撮影地となった館。チャールズ・バリーが、1830年代後半に国会議事堂のデザインを完成させた直後に手がけた。ゴシック様式にインスピレーションを受けた建築としてはめずらしく、ハイクレア・カースルには16世紀末のルネサンス様式のなごりもある**[図2.3]**。たとえばイタリア風の細部や、革ひも状の飾り（ストラップ・ワーク）など。

代の人びとは、古き楽しきイングランド《メリー・オールド》[1]は自分たちのごく身近にあり、そしてこの帝国はあらゆる外国の民の羨望の的になっていると思っていた。いまや、自国にいながらにして、過去の好きな時代や、おしゃれな外国の建築を持ち込んで、自分のカントリー・ハウスを飾ることができるようになった。

館の様式

この時期までは、カントリー・ハウスをきちんとした時代ごとの様式で整理するということが可能だった。持ち主の風変わりな気まぐれはあるとしても、それはあくまで例外であり、主流ではなかった。しかし、19世紀になったころから、建築家たちは、以前よりも幅広いさまざまなものからお手本をとっても大丈夫だということに気づいた。場合によっては、ほんの少しの外国や歴史上の要素を取り入れ、そこから大きくふくらませて複雑な構造を作り上げることもあった。古典主義の風景画に刺激を受けて、絵画的な美しさ（ピクチャレスク）の風景を作ることも好まれた。たとえば、ごつごつとした山に

1）産業革命以前の田園風景を理想化して見たイングランドの世界。

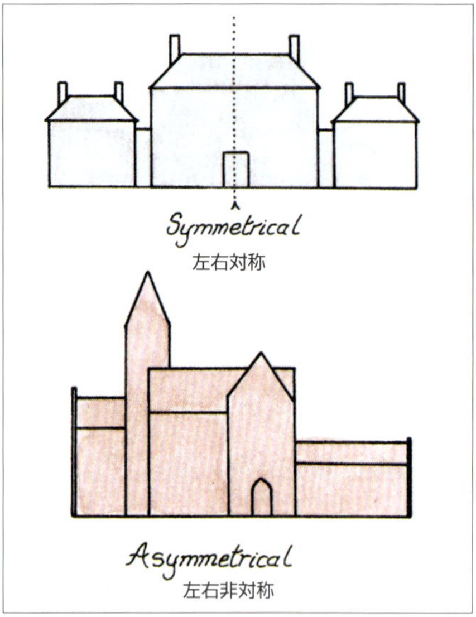

図5.4：[上] 18世紀パラディオ様式の左右対称の館。
[下] ヴィクトリアン・ゴシック様式の非対称の館。

囲まれた湖、滝や廃墟などは、18世紀の風景式庭園（ランドスケープ・ガーデン）やフォリー **[P.105]** の基本的な要素となっていた。そして19世紀になると、まるでこうした風景画から景色を拾い集めて作ったかのようなカントリー・ハウスも現れてきた。建築家たちはきびしい左右対称やバランスのルールから解放されることにより、さまざまな質感と形を使ったピクチャレスクな邸宅をデザインできるようになった。何よりも大きいのは、左右非対称な家が作れるようになったことだ。建築様式と建てる場所の選び方によって連想されるイメージも重要だった。たとえば、ごつごつとした岩場のてっぺんに建つ城は、権力、強さ、確実さを表し、見る者におそれを引き起こさせる。この場合に立地が象徴するものは、近づいて見たときの建物の細部よりも大事だった。この時期の建築に影響を与えたまた別の要素として、新しい素材と技術の進歩があげられる。たとえば、窓にはめるガラス板を大きく作れるようになった。屋根をふくスレートの厚みを薄くできるようになったので、より角度の少ない平らな屋根を作れるようになった。それから、オイルとガス、のちには電気の明かりも登場した。建築が工学技術と混じりあいはじめ、レンガと石でできた正面の内部に、鉄製の柱や梁《はり》が使えるようになった。

おおざっぱに1800～37年の期間を、摂政《せっしょう》時代（リージェンシー）と呼ぶ。ただし、摂政王太子（プリンス・リージェント）が父王の乱心にあたって実際に摂政をつとめたのは実際には1811～20年のあいだだけだったのだが。この時代は、多くの様式が使われたことできわだっている。地元の廃墟が持つドラマチックなイメージから、古代エジプト文化の新発見、東アジアとの交流が深まったことなど、影響の源は幅広い。ひと目をあざむき、にせものを作るということに問題はなかった。その代表は、レンガ造りの壁に化粧しっくい（スタッコ）をほどこし、その上からこすったり色を塗ったりして、流行の石造りに見せかけようとしたものだ。また、館の細かい部分はより繊細に、窓の桟はより細くなり、バルコニーやベランダに使われる鋳鉄《ちゅうてつ》（炭素を含む鉄合金）は、入り組んだ模様を描くように加工

図5.5：ネザー・ウィンチェンドン・ハウス、バッキンガムシャー： とても古い館だが、摂政時代に、大部分が木骨造りであったところを石造りへと改築された。この時代の特徴が出ている注目すべきポイントは、ずんぐりとして先のとがった窓にY字型の桟が入っているところや、狭間《はざま》胸壁《きょうへき》、一番近い塔と塔のあいだにバルコニーがあることだ。

された。

この時代のゴシック様式は、後期ヴィクトリアン・ゴシック様式と区別するために、Ｇｏｔｈｉｃｋと最後にｋを付け加えてつづる。これは、中世の建築を気ままに解釈したものだった。このゴシック様式を初めて建物全体に採用した館は、英国首相ロバート・ウォルポールの末の息子ホレス・ウォルポールの家、トゥッケナムの「ストロベリー・ヒル」だった。ウォルポールは1750年代に館の改装を行った。左右対称でないデザインと、細かい部分にゴシック様式を採用したという点が画期的で、現実離れした修道院や城の廃墟が注目を浴びていたことに影響を受けている。1790年代から、何人かの建築家が、こうした不規則な配置のゴシック様式のカントリー・ハウスを新築した。しかし、すでにある建物にただ飾りを加えたり、増築した部分だけにゴシック様式を採用する館も多かった。注目すべき特徴は、するどく三角になった破風だ［**図5.6**］。窓は頂点のとがったアーチ形で、Ｙ形の狭間《はざま》飾り（トレーサリー）が入っているものもあり、窓の上には雨よけのひさし（ドリップ・モールディング）がかかっている。背の高いチューダー様式の煙突。そして化粧しっくいを塗って仕上げてある。

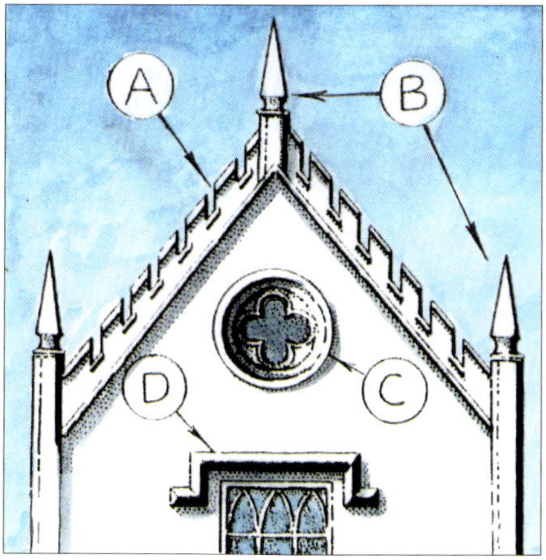

図5.6：リージェンシー・ゴシック様式に独特の化粧しっくい仕上げをした破風。Ⓐするどく斜めになった狭間胸壁。Ⓑ小尖塔《しょうせんとう》（ピナクル）。Ⓒ四つ葉飾りの窓。Ⓓ窓の上にかかった雨よけのひさし。

19世紀の前半にとても人気のあった形のひとつは、城だ。フランスとの戦争に直面して、自国への愛を表そうとした結果かもしれない。あるいは戦後の、労働者と農民が不満を表しはじめた時代にあって、建て主の地位の高さをあらためて主張したいという願望によるものかもしれない。このデザイン様式は、ウォルター・スコットやその他の伝説的な物語小説に影響を受けている。ロバート・アダムは、自分はローマ人が英国にもたらした文化の直接の後継者であると信じていたが、ローマ文化を柔軟に利用するアダムの態度は、次の世代のデザイナーたちにも引き継がれた。というわけで、建築家たちは古代の世界と英国を結びつけた。こうして、清教徒革命の内乱をくぐりぬけてきた、昔から残っている邸宅と肩を並べるように、新しい城が建てられた。新しい城は、一見して中世の城と変わらないようだが、建物全体がきめ細かな石造りで一貫して作られていることや、正面が左右対称であること、そして大きな窓がきっちりと並んでおり、円柱を使っていることなどで、ほんものの中世の建物ではないと見分けることができる。城の形にインスピレーションを受けた建物は、ヴィクトリア時代になっても作られつづけ、スコティッシュ・バロニアル様式と呼ばれる変形も人気を集めた。これはスコットランドとの境界地帯より北で発展し、ヴィクトリア女王が1848年にバルモラル城を購入してから南へも広がっていった。スコティッシュ・バロニアルの特徴は、高い外壁にかこまれていて、角にはそれより高い小塔（タレット）があり、そして塔は丸く、するどくとがった屋根が乗っているということだ。

建築家が参考にして利用できる様式の幅はますます広がり、外国文化はカントリー・ハウスに引き続き影響を与えていた。絵画に描かれたイタリア風の小住宅（ヴィラ）は、ピクチャレス

図5.7：ラウザー・カースル、カンブリア：ちょっと見ただけでは、砦として作られた城のようにしか思えないが、もう一度見直すと、住宅用に建てられたものであることがわかってくる。中央の建物には背の高い窓と、その上に小さな四角の窓が並び、左右には別館があるというところに注目してほしい。これはパラディオ様式の邸宅とそっくり同じだ。舞台装置のような効果をねらった中央の塔の置き方や、完璧な左右対称になるよう同じ間隔で並んだ窓などから、この建物がロバート・スマークによって1806～11年に建てられたことが確かにわかる。主人一家は1930年代にここを引き払った。建物は1957年に部分的に解体され、外側だけが残されたが、現在、残った部分と庭の修復がおこなわれている。

ク運動を刺激した。その特徴は、丸い塔が片方の端に外れてつき、角度の低い屋根と大きく張り出した軒《のき》、アーチ形に片側が開いた通路（アーケード）などをそなえているところで、いくつかの館で採用され、小さめの都市部の住居でよく使われた。ナポレオンのエジプト遠征（1798～1801年）によって、フランスの考古学者たちは現地を発掘し、発見した巨大な遺跡の図も描いた。こうした発見に刺激を受けたエジプト様式は、太く丸い柱と、蓮の葉でその柱頭を飾ること、上の部分が内側に傾いた壁、大きくくぼんだ軒などの特徴を持っていた。けれど、そうした特徴はふつうは住宅や庭の建築の全体ではなく、細かい飾りにしか取り入れられなかった。中国やインドとの交流が増えた影響も多くの家に表れた。もっとも知られているのはブライトンにある摂政王太子のロイヤル・パヴィリオン

図5.8：クロンクヒル、シュロップシャー：三角、丸、四角などの単純な図形を組み合わせたような殺風景なデザインで、20世紀の建物のような感じを受けるが、実はジョン・ナッシュが1802年に作ったもの。17世紀の画家クロード・ロレインが描いたイタリア風の建物をイメージの源にしている。

図5.9：ザ・ロイヤル・パヴィリオン、イーストサセックス：インド風のパーツを乱暴に混ぜ合わせたこのデザインは、1815～22年にジョン・ナッシュが摂政王太子のために改装したもの。実のところ、全体のつくりは外見の印象とはかけ離れた、ありきたりな新古典様式のヴィラと同じで、上の図でいうと左側の部分が元からあった建物だ。1878年、おそらくは破産状態だった王太子が、愛人のフィッツハーバート夫人と過ごすために、中央のドームがある部分と右の別館を付け加えた。点線は、最終的な外観になったときの位置関係を表している。

だろう。玉ねぎ形のドーム、異国風の窓やドアの形、そしてイスラム教寺院の小尖塔《しょうせんとう》（ミナレット）をまねた煙突などの要素が、1815年まではつつましい新古典様式の館だった建物を覆いつくしている。

英国の大敵であるナポレオンが好んだスタイルだったにもかかわらず、古典様式は、この摂政時代のカントリー・ハウス建築でも、最大の人気を保っていた。最新のデザインはギリシャでの新発見に影響されていた。そして、純粋な古代ギリシャ建築に極限まで似せた神殿が、この時代からあと、多くのカントリー・ハウスで部分的に使われるようになった。館の本体はたいてい飾り気がなく、屋根は隠し、ポーティコまたは列柱（コロネード）を正面に使い、シンプルなギリシャ・ドーリア式またはイオニア式の柱頭を持つ円柱をそなえていた。

ヴィクトリア朝様式とエドワード七世様式

1830年代から、レンガの人気が復活した。使える素材が増え、屋根の角度や屋根ふき材を、様式によってさまざまに変えることができるようになった。左右非対称に置いた塔も現れたが、その内部には、トイレや風呂がほしいという強い要望にこたえて、水を送るパイプを通してあることも多かった。窓にはめる大判のガラス板も作れるようになったので、上げ下げ窓の支えの桟は必要なくなり、主人の領地をさえぎるものなく眺められるようになった。時代が進むと大邸宅は、大所領を見おろす場所にそびえる、というよりは、作り込んだ景色に包まれるように、または森の中に隠れるように建てられるようになった。木骨造り（ティンバー・フレーミング）は17世紀からずっと流行らなくなっていたが、

図5.10：シャグバラ・ホール、スタッフォードシャー： 17世紀末と18世紀にデザインされた館［**図4.6**］。庭側の正面は明らかに摂政時代様式で、薄く半円に張り出した中央の部分は1803〜6年のあいだに新古典様式で増築された。その左右にある上品にアーチを描いたベランダも、この時代に特有のもの。

ここへきて人気を取り戻した。表面だけまねる場合もあれば、中まで木骨の場合もあったが、ふつうは石やレンガでできた下の階の上に木骨の階を乗せ、黒と白で壁を塗った。これはヴィクトリア時代に広く流行した。

ヴィクトリア女王が王位を継承したころ、オックスフォード、ケンブリッジ、ロンドンを中心に、信仰についての議論が過熱し、英国国教会は存在の危機に立たされた[1]。これは部分的には、1829年のカトリック教徒解放法の影響を受けている。16世紀以来つづいてきたカトリック教徒に対する差別的な扱いのほとんどを廃止する法律だった。そんな時期に、ひとりのカトリック改宗者がめざましい活躍をはじめた。オーガスタス・ウェルビー・ノースモア・ピュージンは、多くの本を書き、熱烈にゴシック建築を推進したが、彼のデザインは、前の時代の、自由にモチーフを組み合わせる「k」つきのゴシック様式［**P.49**］とは違って、中世の建築を正確に調べた結果にもとづくものだった。ピュージンは道徳的な価値のある建物を作るために、機能と構造を隠してはならない、そして自然の素材を使わなければならないと主張した。この考え方は、ヴィクトリア時代の建築家たちに大きな影響を与えた。ピュージンやその他の人びとは、中世、とりわけ14世紀を、深い信仰心にもとづく道徳があった時代と考えていた。そこで、彼がとなえた新しいゴシック・リバイバル様式の初期の建物は、この中世の時代をインスピレーションの源にしている。素材を隠すようなしっくい仕上げは使われていない。レンガがふたたび表から見えるようになり、色は原則として濃い赤、窓はてっぺんのとがったアーチ形で、細く背の高い塔をそなえ、そして左右対称でないというのが初期のゴシック・リバイバル様式の特徴だった。

1850年代から70年代にかけて、ゴシック様

図5.11：バルストロード・パーク、バッキンガムシャー： 赤レンガで作られた、ずんぐりとしたゴシック様式の塔は、中期ヴィクトリア時代におなじみのデザイン。尖塔を左右非対称に置き、破風と胸壁をそなえた力強い外見のこの建物は、1861〜70年のあいだに建てられた。

1) 教会の歴史的な権威と、儀式や制度を重んじるオックスフォード運動のこと。1833年にオックスフォード大学で始まった。

図5.12：ティンツフィールド、サマーセット：とほうもなく派手なこのヴィクトリア朝ゴシック・リバイバル様式の館は、1863年に建築家のジョン・ノートンが、ウィリアム・ギブズのために建てた。のちに、ヘンリー・ウッダイヤーとアーサー・ウィリアム・ブロムフィールドがさらに手を加える。2002年にはナショナル・トラストがこの館を取得した。購入のために、ナショナル・トラストはわずか100日間で一般から800万ポンドを集めるとともに、ナショナル・ヘリテッジ・メモリアル・ファンドからも、一回の助成金としては最大となる金額を支給されている。

式は力強い形に発展していった。ドラマチックな装飾や太い塔は、イングランドの中世よりは、ヨーロッパの建物をお手本にしていた。この時期の特徴としてもっとも目立つのは、さまざまな色のレンガを使う手法で、赤とクリーム色のレンガを積んだ壁を、より明るい色や暗い色のレンガの帯で断ち切るように飾るデザインだった。

カントリー・ハウスのデザインにおいて、また別のインスピレーションの源として人気があった時代といえば、16世紀から17世紀の初めごろだった。チューダー様式の赤レンガの館や、みごとなエリザベス朝様式やジャコビアン様式のプロディジー・ハウス[P.17]などが、愛国的な時代に熱烈に好まれた［図5.1］。エリザベス一世時代の人びとが愛した装飾は、革ひも飾りにいたるまでコピーしている。しかし貴賓室のある階の窓を他よりも背を高くする作りは、ヴィクトリア時代の建築では、ふつう受け継がれていない。

ヴィクトリア女王とアルバート公は、オズボーン・ハウスをイタリア・ルネサンス様式で建てた。この様式を、多くの者たちがまねたというのは、当然のなりゆきだった。このイタリア風様式デザインのカントリー・ハウスや都市部の郊外住宅（ヴィラ）は、1850年代から60年代にピークをむかえた。その特徴をあげると、まず縦長で、アーチ状の、大きなガラス板を使った窓。最上階に細長いアーチ窓をそなえた塔と低いピラミッド状の屋根。角度の浅い屋根は壁よりも大きく張り出して、飾りの多い腕木（ブラケット）で支えられている。そして、ふつうは明るい色のレンガか石造りで建てられていることなどだ。同じようにヨーロッパの建物から影響を受けた、もっと大きい館では、屋上に手すり壁と壺を立て、正面は左右対称になっていたことだろう。

フランス様式の建築は、ナポレオン三世の在位期間にパリで起きた流行の変化を受けて、19世紀の後半に人気が高まった。これはいわゆる

図5.13：［上］ 16世紀のレンガ積み。**［下］** 19世紀のもの。下の例では、線はまっすぐに、角ははっきりしているところが、ヴィクトリア時代の家と、そのモデルである過去のレンガ積みを区別する方法のひとつだ。レンガの小口面（ヘッダー）と長手面（ストレッチャー）の出し方によって描く模様は、時代によって変化してきた。イギリス積み **［上］** は、ヘッダーだけの列、ストレッチャーだけの列を交互に並べるもので、16世紀から17世紀初めにはありふれていた。フレミッシュ積みは、すべての列においてヘッダーとストレッチャーを交互に積むもので、このころから19世紀までの期間ずっと人気があった。19世紀末にはイギリス積みが復活してフレミッシュ積みにとって替わった。

第二帝政（セカンド・エンパイア）様式というもので、頂上は角度が浅く、途中で折れて急角度に変わる腰折れ屋根（マンサード・ルーフ）に屋根窓を並べることを特徴としている。この窓によって、ふつうは何もない屋根の内側の空間に部屋を作ることができるので、スペースに余裕がない都市部の建物では人気を集めた。人里離れた田園地方では、するどい屋根の塔や、バロック風の飾りをつけた城館（シャトー）が数多く建てられていた。

図5.14：ブロズワース・ホール、サウス・ヨークシャー： 中期ヴィクトリア時代のイタリア風様式の館。前の時代の古典様式と違う点は、窓のまわりにほどこした繰形装飾（モールディング）、フランス扉（ガラスの入った観音開きの扉）、そしてふたつの階がだいたい同じくらいの高さであることだ。左に見える正面には古典様式の柱がないことに注目してほしい。壁にくっついていない円柱はヴィクトリア時代には好まれなくなっていたことを示している。例外は、右側に見えるようなタイプのエントランスにかかるポーティコで、19世紀の建物によくある特徴だ。

図5.15：ウォッズドン・マナー、バッキンガムシャー：フランスの城館の様式で建てられたヴィクトリア時代のカントリー・ハウス。デザインは建築家のデタイユによるもの。1880年代にファーディナンド・ド・ロスチャイルド男爵のために建てられた。男爵はオーストリアの巨大金融一族の一員で、ほかの親戚の人びとも、バッキンガムシャーだけで5つの別の地所を購入している。この地域一帯はロンドンに近く、すばらしい田園の狩猟地でもあるからだ。

1860年代から、新しい世代の建築家が、力強く大きな中世の建築物のみならず、16世紀から17世紀の、さほど立派ではないような領主館や農場主の家屋などをインスピレーションの源にするようになった。忠実にコピーするのではなく、彼らはこうしたお手本を使って新しい形を作り出した。初めて見るとオリジナルの古いものと似ているように思えるが、よくよく調べてみると斬新な設計をしており、特にアーツ・アンド・クラフツ様式の建築家たちが20世紀の初めに手がけたものは、細かい部分が驚くほどに新しい。リチャード・ノーマン・ショーはこうしたオールド・イングリッシュ様式の建築を手がけたデザイナーのなかでもトップのひとりだった。この様式で建てた館は、もはや天をつくほど高く、まわりを支配する勢いでそびえ立つ、というようなことはなくなっていた。カントリー・ハウスは、よりつつましやかで背の低いデザインで作られるようになった。それは、主人一家の要望が見た目よりも優先されたからだ。最新の技術や近代的な素材は使われたものの、正面のデザインは、まるで何世紀もの年月をかけて少しずつ手を加えられてきたかのような印象を与える。オールド・イングリッシュ様式の特徴は、長く、角度があるタイル張りの屋根が、低い壁に張り出していること、おおげさな装飾をほどこした高いレンガ造りの煙突、そして鉛の針金をガラスのなかに入れた縦仕切り窓を、ふつうは軒のすぐ下にずらりとたくさん並べるということだ。

ノーマン・ショーは、その当時に作られ始めていたアン女王様式のような新しい様式に注目した。これは、17世紀後半の、オランダ破風と白く塗った木造の建物をモデルにしたものだ。19世紀の木骨造りでは、ほとんどの場合、暗い色に塗ったり木目を描いたりして17世紀後半のものに見せかけていた。ノーマン・ショーの教えを受けた者たちは、英国の過去の様式を復刻するこのスタイルをさらにおしすすめた。1890年代から1900年初頭のアーツ・アンド・クラフツ様式の家は、地元産の建材を使っていた。この方針によって、熟練の腕を持つ職人たちは、美しく質の高い家具や調度品を作り出すことが可能となり、建築家は建物の構造からドアノブに至るまで、プロジェクト全体をコントロールした。アーツ・アンド・クラフツ様式の思想に共鳴する建築家たちが手がけた建物は、その多くがさほど大きくないカントリー・ハウスや夏をすごすための別荘だった。建築家たちは、古い時代の建物や飾りの特徴をデザインに取り入

図5.16：クラッグサイド、ノーサンバーランド：劇的に組み上げられた大邸宅。1860年代末にリチャード・ノーマン・ショーが、16世紀の領主館にイメージを借りてデザインした。木骨造りの破風と縦仕切りの入った窓、高い煙突をそなえている。電灯を使った最初のカントリー・ハウスであるところも注目のポイント。

れることが多く、その保存に強い関心を寄せた。

この時代は、昔の時代をなつかしむ大いなるノスタルジアの時代だった。伝統的な趣味が復活し、ナショナル・トラスト[1]が設立され、「カントリー・ライフ」誌[2]が創刊された。この雑誌は、若きサー・エドウィン・ラチェンズが、代表的なオールド・イングリッシュ様式の建物をいくつか作ったあと、古典様式に興味を移したとき、彼のデザインが注目を集めるのに大きな役割を果たした。ラチェンズは古代の建築を直接まねるのではなく、古代様式の柱式（オーダー）を手本としながら、新しい形を生み出す特別な技能を発揮した。エドワード七世時代に、ラチェンズの作り出した館はとても影響力があった。この様式は帝国古典主義からジョージ王朝時代の建物の復活まで、別々の様式を混ぜ合わせている。正面は左右対称で、上げ下げ窓の上に、独特なデザインの低いアーチが乗っているというのが特徴だった。

1）歴史的名所や美しい景観の自然を保護する団体。1895年設立。
2）建築、ガーデニング、狩猟や釣りなど田園生活をテーマにした英国の地主・住民向け雑誌。1897年創刊。

図5.17：ウィティック・マナー、ウェスト・ミッドランズ：オールド・イングリッシュ様式の家。左右非対称で、外側は木骨造り、内側はアーツ・アンド・クラフツ様式だ。高くそびえるのではなく横に広がり、低く作られた屋根に、背の高い煙突が突き出して、16世紀風の窓を取りそろえている。こうした特徴から、長い年月を経てきたように見えるが、実は1880年から90年代に建てられたものだ。

図5.18：スタンデン、サセックス：フィリップ・ウェッブが1890年代初めにデザインした館。裕福なロンドンの事務弁護士ジェームズ・ビールが購入した古い農場家屋を作り替えたものだが、もとの建物にあった部分を残してあるだけでなく、地元の建材を使っているので、出来上がった形は、まるで何世紀ものあいだ、だんだんと発展してきたかのように見える。

図5.19：ヒースコット、リーズ、ヨークシャー：サー・エドウィン・ラチェンズが1906年にデザインした郊外住宅。アーツ・アンド・クラフツ様式の手法である地元の建材を使いながら、さまざまな古典様式の要素を混ぜて、個性的な建物を作り上げており、ラチェンズという偉大な建築家の後期の特徴を表す。形はパラディオ様式［**図4.14**］だが、細かい部分には17世紀のバロック様式が見られ、石材は近くのガイズリーとモーリーの石切り場で生産されたものを使っている。

館の配置

過去をよみがえらせようという執念があった一方で、館の配置には、社会の空気の変化と、新しい貴族の要望が反映されていた。前の世紀のように、2階に主要階（ピアノ・ノービレ）を作って天井の高いフロアにすることはなくなり、メインの部屋は地上1階にもうけられるようになった。貴賓室が列をなしていた間取りはもはや過去のものとなって、よりうちとけた雰囲気の部屋を、さほどきびしく左右対称を気にすることなく並べてもよくなった。19世紀のあいだに、部屋はそれぞれ特化した目的のために作られることが多くなった。たとえば午前中の居間、朝食室、喫煙室、音楽室、ビリヤード室などがこの時期の間取りにはよく登場している。アーツ・アンド・クラフツ様式の家では、共有の場としてのホールを復活させることが重要とされていた。光を注意深くコントロールし、床と天井の高さを変えることによって、斬新なインテリアを作りだすことが可能になった。使用人の仕事部屋をどこにするかというやっかいな問題は、中庭を作って収めるか、メインの建物の裏の、通常は北側に棟をもうけることで解決した。つまりこれは、料理が出発する場所と晩餐室の距離が、18世紀の別館方式よりは近くなったということだ。サイズの制限がなくなったので、この使用人エリアには以前よりも数多くの部屋を入れることができるようになった。ヴィクトリア時代のカントリー・ハウスには、かつての時代になかったほどいろいろな要望が出てきていたので、それぞれの仕事に対応する専用の部屋が必要になっていた。

家にあわせてきっちりと作りこまれた絵画のような風景式庭園は、ヴィクトリア時代には流行おくれとなった。テラスが復活し、おしゃれなフランス扉やベランダから、花壇を眺められるようになった。外国産の植物や樹木が、はるか遠い帝国領植民地の果てから届けられ、この時期には大きなガラス張りの温室（コンサバト

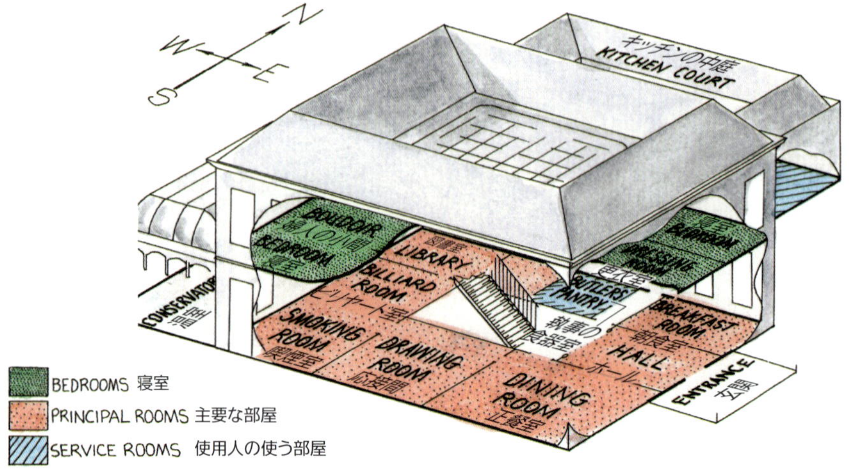

図5.20：ヴィクトリア時代のカントリー・ハウスの透視図。主要な部屋はこの時代にはもう１階にあり、以前よりもそれぞれの部屋の目的が精密に決められている。上の階には寝室と更衣室があり、使用人の仕事部屋とキッチンの中庭は建物の背後にある。中央の階段吹き抜けはガラス張りの天井によって明かりを取っていることに注目。このような創造力豊かな明かりの効果は、19世紀の建物の特徴だ。

リー）や独立した温室が作られるようになった。これらは建物に付属する棟として作られたり、ときには館の内部に組み込まれることも多く、こうした温室は19世紀のカントリー・ハウスを特徴づける設備だった。

カントリー・ハウスの終わり

1869年５月のある晴れた日のこと。アメリカ、ユタ州、オレゴンの西、90キロメートル地点の荒野で、ふたつの鉄道が接続する地点に、セントラルパシフィック鉄道会社の創業者リーランド・スタンフォードによって、最後の犬釘が打ち込まれた。記念式典でリーランドのふるったハンマーは、実際のところ釘をそれていたのだが、初めてのアメリカ人陸横断鉄道が完成したというニュースは、気の早い電信手によって送り出されていった。この鉄道完成により、大量の穀物や家畜を西部から東部へ運ぶことができるようになり、それに冷凍技術の開発も手伝って、外国にも輸出されることになった。話をイングランドに戻すと、そのころのカントリー・ハウスの地主たちは、農業の黄金時代ともいえる時期にあって、裕福な生活を送っていた。しかし1870年代半ばまでには、アメリカからの輸入品の影響で穀物の価格が安定し、その先の10年間に値段が下がっていくことになる。この事実を、黄金時代にひたっていた英国の地主たちは知るよしもなかった。こうした輸入農産物や、全体的な経済の不振が原因で、農業不況が引き起こされ、貴族たちの地代収入も減っていった。また、ほとんどの男性人口が選挙権を得たことや、1894年に相続税の導入が決まったこと、1909年にはさらに所得税の引き上げや高額所得特別付加税（スーパータックス）が決定されたことなどによって、地主貴族の権力も失われていった。

外観の細部

図5.23：上げ下げ窓の上に、先端に角のあるアーチ状の模様を、レンガ積みで表現した例。実用的な四角形の窓を悪目立ちさせることなく、統一感のあるゴシック様式の正面をデザインするためによく使われた手法だ。クリーム色や灰色、赤のレンガは1860～70年代に人気があり、帯状の模様や、紋章の飾りを描くために使われた。

図5.21：ふたつのイタリア風様式の窓。この様式に特徴的なロマネスク型（半円形）のアーチと、桟で仕切られていない大きなガラスの１枚板を使った窓が特徴だ。窓をぐるりと囲む繰形装飾と、上の部分に飾りをほどこしているところが、ヴィクトリア時代の建物と、もっと古いものを見分ける手がかりになる。

図5.22：開いたアーチがあり、手すり壁と壺で飾られた、イタリア風様式の棟。このほかによくあったデザインは、アーチを３つ横に並べて平たいピラミッド型の屋根を乗せるというもので、オズボーン・ハウスに使われてから人気を集めた。

図5.24：ウィティック・マナーの破風。ゴシック様式やアーツ・アンド・クラフツ様式の館の特徴として、破風のある壁を隠さずに出し、軒の下にはめられた板を美しい彫刻で飾っていることがあげられる。アーツ・アンド・クラフツの館では、屋根は急な角度で、端は低くまでかかり、地上１階の天井の高さまで届くほど。横開きのちょうつがいがついた窓は19世紀末に復活したもので、ふつうは写真のように鉛の棒で四角に仕切られており、16世紀の建物に広く使われていたダイヤモンド形の仕切りとは形が違っている。

図5.25：ウィンダミアのブロードレイズ、デザインはC・F・A・ヴォイジー。この例のように、アーツ・アンド・クラフツ様式の家では、壁の張り出した部分にシンプルな縦仕切り窓を入れていた。場合によって、低くかかる屋根の軒に押されて窓が小さいスペースに追い込まれることも多かった。浅い控え壁（バットレス）もこの様式の特徴だ。

図5.26：ディーナリー・ガーデンズ、ソニング。デザインはサー・エドウィン・ラチェンズ。以前には手すり壁のうしろに隠されていた煙突が、ふたたび目立つようになった。この時代の建築家たちが、家のパーツごとの機能をむき出しにすることをよしとしたからだ。背の高い組み合わせ煙突（スタック）は、チューダー朝様式をコピーしたもので、19世紀末のオールド・イングリッシュ様式とアーツ・アンド・クラフツ様式の家を特徴づける重要なパーツだった。

第一次世界大戦の前にはすでに、多くのカントリー・ハウスが売り払われたり、使われずに空き家になったりしていた。地主にとって都合の悪いことはまだ続く。とりわけ戦争で男子のあとつぎを次々と失って、税金が払いきれず、戦後の経済不況で家計が立ち行かなくなった人びとには厳しかった。カントリー・ハウスはもっと裕福だった過去の世代の領主たちのために設計された巨大な建物だ。それは20世紀のあいだに、上流階級の人びとにとって金食い虫になってしまった。多くの個人宅が学校やホテルや会社になり、でなければ一部を、あるいは完全に解体することもあった［図5.7］。昔と同じ領地と館の名前で呼ばれる建物がわずかに残っているにしても、急速に発展するまわりの郊外住宅地に飲み込まれてしまっている場合も多い。エグザンプラー・ホールでもそのようなケースを考えた。

図5.27：エグザンプラー・ホール、1900年ごろ：この図の40年ほど前に、当時の持ち主が図の右側に新しい棟を加える拡張工事を始めた。パーティーで友人を泊めるための部屋を作り、左側には温室も付け足した。塔の内部には給水タンクを備えており、使用人エリアである中庭は前面に向かって広げた。その当時の領地は、農地からのあがりが増えて豊かになっていた。ところが1900年までには、大きく財産が目減りし、農地や庭園の多くの部分を売らなければならなくなった。売った土地は、急スピードで膨らんでいた近くの町［図の上部］に建てられる新しい郊外住宅やテラスハウスに飲み込まれていった。

不運にも、このあと状況はますます悪くなっていく。第一次世界大戦でたったひとりのあとつぎ息子を失い、その後まもなく年老いた領主も死んでしまったので、家族の借金と相続税が何重にもかかって、エグザンプラー・ホールは売らなければならなくなり、ホールは私立学校に変わった。この学校の運営はうまくいかず、1939年には軍隊の管理下に入って、訓練施設として使われることになった。第二次世界大戦が終わるころには、館の残った部分は地元の町に飲み込まれており、その部分も町の自治体が購入する。しかし危険な状態のまま放置されていたホールのメンテナンスをしきれず、建物の大半は1960年代に解体された。古いキッチンの中庭だけが残り、オフィスに転用され、領地のほかの部分は公園になった。最終的に、1400年代から現在まで変わらず残っている景色は、教会と、それを囲む境界線のみになった。

ありがたいことに、多くのカントリー・ハウスが、さまざまな別の目的に転用されながらも生き残った。たとえば野生の環境保護パーク、美術館、特別なイベントや企業が使うための会場などになっている。同じ一族が持ちつづけているものもあるが、ナショナル・トラストやイングリッシュ・ヘリテッジ[1]のような団体が保存しているものもある。たとえば、エイルズベリー付近でかつてロスチャイルド一族が所有していた6つの館［**図5.15**］が現在どうなっているかを見てみよう。ひとつは空軍のキャンプ、ひとつはホテル、ひとつは宗教施設、ひとつは立ち入り禁止の学校、そして残りの2つはナショナル・トラストが運営し、一般の見学者を受け入れている。一族の所有のまま残っているものはひとつもない。

1) イングランドの歴史的建造物や史跡を保護する組織。ナショナル・トラストと異なり政府の助成を受ける。1984年設立。

図5.28：カースル・ドローゴー、デヴォン：1930年に完成したとき、ラチェンズが最初に考えた壮大な計画はだいぶ縮小されていた。過去の城を現代に移し変えたこの建物は、最後の偉大なカントリー・ハウスであり、貴族が支配した時代の終わりを告げる存在であると表現されることも多い。

第2部

カントリー・ハウスの細部

THE COUNTRY HOUSE IN DETAIL

第6章

インテリアの成り立ち

Interior Structures

鏡板、天井、そして暖炉

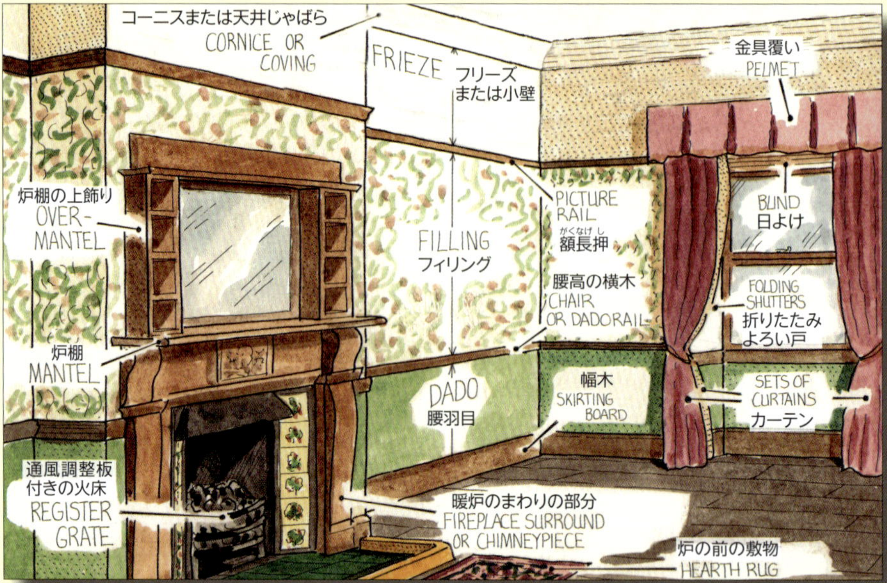

図6.1：ヴィクトリア時代のインテリア。図のなかに、ほかの時代にも見られる重要な要素を引き出して示した。

　カントリー・ハウスの外観は、オーナーが変わるたびにいじりまわされてきたのだとすれば、インテリアなどは、もっとひんぱんに、簡単に、すみずみまでの大改築ができたはずだ。あるエリザベス朝時代に建てられた館が、いくらかの飾りを付け足されたり、おかしな増築をほどこされたりはしながらも、正面のデザインはだいたい作られた当時のまま残っているとしよう。しかし、部屋の中に入ると、後期バロックにロココ、新古典様式やヴィクトリアン・ゴシック様式のインテリアの寄せ集めになっているということもありうる。サルーンだった部屋はピクチャー・ギャラリーになっているかもしれないし、ウィズドローイング・ルームだった部屋にはビリヤード台をあとから入れたかもしれない。インテリアは私的なものなので、家の外側の公的な面よりも、もっとぜいたくだったり、異国風だったり、あるいはとんでもなくひどいデザインにされることもある。ひとりひとりの持ち主が、彼女自身、彼自身の個性や望みをはっき

りと表現しているからだ。けれど、そのように独特で個性的なデザインの土台には、ひろく共通する構造の変化や流行の設備などがある。そうした特徴を見分け、いつ作られたのかを調べていくことによって、ひとつのカントリー・ハウスがどのように発展して、建てられたときの最初のインテリアがどのようだったのかを解明し、より深く理解することができるだろう。

壁

中世の部屋のなかは、いまの我々が思うほど寒々しい空間ではなかった。当時の部屋は想像以上に色彩ゆたかで、壁には水性白色塗料（のろ）または色を塗って、さまざまな模様や、文字や線を描いたり、石造りの細工をまねたりしていた。壁掛け布には、ふつう派手な色が使われていた。これは湿気を減らすことをねらったもので、ホールの領主が座る側の壁を飾ることが多かった。つづれ織り（タペストリー）は非常に裕福な人びとだけのぜいたくであり、14世紀以降のカントリー・ハウスにしか見られない。チューダー朝時代になると、木製の鏡板《かがみいた》（パネリング）で、壁の下の部分か、あるいは壁全体を覆うことが流行する。パネリングの構成は、まず繰形《くりがた》（モールディング）と呼ばれる細長いパーツを組み合わせた四角の枠を作るが、上と左右のパーツはふつうのまっすぐな断面であっても、

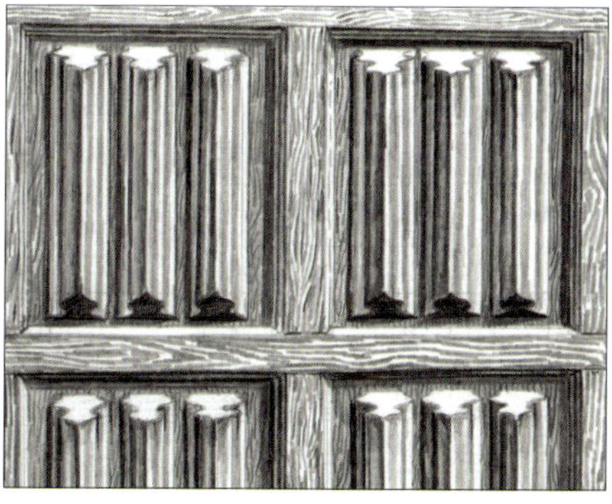

図6.2：リンネルひだ飾りのパネリング。15世紀末から16世紀初めに人気があった。

図6.3：［上］16世紀末の小さな四角形のパネリング。Ⓐ四角い板の周囲に繰形（モールディング）がはめられている。Ⓑ下部は面取りが施されている。Ⓒ革ひも飾り（ストラップワーク）がほどこされた最上級の部屋の例。**［下］**17世紀末には、大きなパネルを古典様式のバランスを守って使い、板張りのドアや浮き彫り模様の暖炉と統一感を出している。

枠の下の部分のパーツだけは、掃除をしやすくするため、斜めにカットしてあった。この枠のなかに四角い板をはめ込んで完成する。時代の古いものは、リンネルひだ飾り、またはその他の装飾的な浮き彫り模様が特徴だった。あとの時代になると、飾りのない平らな板の中央部分が張り出し、四つの辺を斜めに面取りした形が一般的になる。17世紀のあいだに、木の鏡板のサイズ比率は変わる。最高級の部屋の壁は、下の部分の腰羽目（ディドー）と、中ほどのメインの部分と、そして短い上の小壁（フリーズ）に分けられ、付け柱（ピラスター）や古典様式のモチーフで飾られるようになった。王政復古期の館に

おける彫刻の飾りは、グリンリング・ギボンズのような職人の手によって、繊細さのあまり息をのむほどになっていた。この彫刻は、果物や花や、花綱飾りや飾り枠、装飾のためのパネルが組み合わされて入り組んだ模様を描いていた。

しかし、この時代には、火事の危険を減らすため、しっくい（プラスター）で壁を仕上げることも流行していた。しっくいの材料は石灰や石膏《せっこう》で、強度を高めるために、毛、わら、葦《あし》などを混ぜることも多かった。こうして作ったしっくいの材料を、壁に打ち付けた木摺《きずり》（木でできた細い板）を下地として塗った。表面はしっくい、化粧しっくい、あるいは紙張子（パピエ・マシェ）さえ使って繰形の飾りを作り、古典様式のバランス配分にしたパネルや天井蛇腹（コーニス）、装飾パーツに仕上げた。この時代には、部屋の壁に沿って背をつけるように椅子を並べていたので、木で作った腰高の横木や幅木《はばき》を壁の下の部分にめぐらせ、椅子が当たって壁がいたむのを防いでいた。

図6.4：しっくい塗りの壁の構造。左側に飛び出して見える木摺の上にしっくいを塗った層が見える。この上に繰形装飾を乗せていく。

飾りをつける場合、前の時代からの派手なバロック様式もいまだに健在で、後期パラディオ様式の館でも許されていた。18世紀の半ばになると、ロココと呼ばれる新しいバリエーションが人気を集めた。これは、フランス語の「ロカイユ」からきた言葉で、この時代におしゃれとされていた岩屋（グロットー）のなかで、岩にはめ込んで飾った貝殻を意味する。彫りが深く、燃える炎のような形、たとえば貝殻を非対称のパターンに並べるなど自然のモチーフを使うことが特徴で、白と金に塗ることも多かった。18世紀の後半に、自分自身のインテリア・デザインのスタイルを作り上げていたロバート・アダムのような建築家は、ギリシャやローマ、エトルリアでの新発見の影響を受けていた。より薄く、繊細な繰形装飾に、モチーフとして花綱飾り、花瓶、グリフィン（鷲の頭と翼、ライオンの胴体を持つ怪物）、金色の粒をあしらい、落ち着いたパステルカラーで塗った壁板を用いていた。

シルクのダマスク織りなどの布や革が壁を覆う素材として使われ、木製の小割り板でそれらを固定した。壁紙が中国から初めて持ち込まれたのは17世紀のことだったが、まだ現代のもののように接着剤で壁の表面に貼り付けられてはいなかった。紙の上に糊で模様を作り、残りもののウールをばらまいて浮き出させるフロック加工の壁紙は、18世紀の家に時折使われた。外国の情景を描いたり布地の模様をまねしたフラ

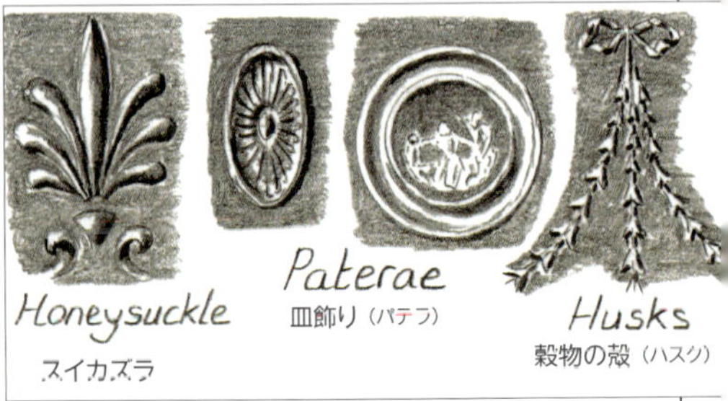

図6.5：アダム様式の繰形装飾（モールディング）。当時の最新流行であるギリシャ趣味を反映している。

ンスの壁紙も、ヴィクトリア時代に入るまで人気を保ち続けた。後期ジョージ王朝時代の主要な部屋には、アーチをつけたり曲線を描くように壁をくぼませた壁龕《へきがん》（リセスまたはアルコーブ）に彫刻を置いたり、ドームをそなえた完全な円形の部屋を作るなどして、古代の世界のお手本をまねた。パリスの像や、円柱も、部屋に壮麗な感じを出し、バランスを調節するために並べて置かれたことだろう。

図6.6：［上段］ 初期ジョージ王朝時代の壁紙。中国のデザインに刺激を受けて花や模様をコピーしたものも多い。**［中段］** 摂政時代、縦じまとアダム様式の壁紙に人気があった。**［下段左］** ヴィクトリア時代には、濃い色の立体的な絵柄の壁紙が普及していた。**［下段右］** 19世紀の後半になると、シンプルで平面的なデザインがしだいに人気を集めるようになった。

19世紀になると、部屋の中に家具を散らして置くことがおしゃれになった。以前は部屋の端にくっつけて置いていたテーブルや椅子は、親しげに円を描くように並べるほうがよいと考えられた。その結果、縦の長さいっぱいの壁紙や布を使うようになり、壁を保護するための腰高の横木が見えなくなった。とはいえ、部屋によっては横木や鏡板が残っていても問題はなかった。摂政時代には、洗練された、淡い色の模様の入った紙や布を壁にかけていたが、ヴィクトリアン・ゴシック様式の家では、より濃い色のはっきりした模様に変わった。しかしそれも、後期アーツ・アンド・クラフツ様式の家になると、あまり押しつけがましくない平面的なデザインと、薄い色になり、樫材の鏡板張りが復活する。

天井

天井板は、中世の時代のホールにはほとんど存在しなかった。なぜなら部屋のまんなかで火をたいていたので、屋根の内側は垂木をむき出しにしておかなければならなかったからだ。とはいえ、それを支えるトラス[1]にはこってりとした彫刻がほどこされ、色とりどりに飾られていた。側面の壁に煙突をとりつけるようになってから、２階以上の部屋を作ることができるようになり、それによって天井板が出現することになった。このときの天井には繰形装飾がほどこされた梁《はり》（ビーム）や根太《ねだ》（ジョイスト）、それが交差する部分には、華やかな浮き出し飾り（ボス）などがむき出しになっていたことだろう。梁のあいだには平らにするために木の板がはめ込まれ、色が塗られる場合もあった。エリザベス一世時代には、木骨造りの屋根は幾何学模様の石膏細工で飾られていたことだろう。17世紀末には、腕ききの石膏職人は、古典様式の天井を作りあげた。大きな楕円や長方形を中心にす

1） 部材を三角形に組み立てることで重みを支える構造のこと。

図6.7：梁がむき出しの天井。中心となっている梁と根太が上の階の床を支えている。この例では、梁には繰形装飾がほどこされていて、交差するところに浮き出し飾りがはめこまれている。

え、中には天井画を入れ、外側には繊細な花の模様や花綱飾りを作った。パラディオ様式の館では、建築家たちは、完全な一個の立方体か、それを二つつなげた形の部屋を作ろうと熱心に努力した。この、古典主義の比率というものは、見て楽しむためのものだったのかもしれないが、そのせいで壁は背が高くなりすぎて、絵画や飾りが見づらくなってしまうというようなこともあったかもしれない。そのため、大きな弓形折り上げ天井[1]や格天井《ごうてんじょう》［図7.4］をもうけ、壁を低くして、その部分の絵や装飾が目に入りやすくなるようにした。18世紀末のアダム様式のインテリアでは、しっくい細工の繰形装飾は以前より薄く繊細になった。デザインをきわだたせる淡い色が使われるようになり、組み合わせとしてピンクと緑、青と赤、緑と黄色と黒などがよく見られる。ドーム形やかまぼこ形の天井も、新古典様式のデザイナーたちに好まれた。19世紀には、鉄とガラスの天窓（スカイライト）が、とりわけ階段の吹き抜けに作られ、新しい光の効果を生み出した。また、型に込めて作った花や円形の飾り（メダイヨン）からシャンデリアを吊るすことも人気があった。しかし、のちのアーツ・アンド・クラフツ様式のデザイナーたちは、梁がむき出しの天井をふたたび採用した。

1）弓形に凹んだようなつくりの天井。天井と壁の境目が弓形にカーブしているもの。

図6.8：しっくい仕上げの天井の例。**［左］**16世紀後半の、厚みのある幾何学模様。**［中央］**17世紀の、だ円のなかに天井画を描いたもの。**［右］**18世紀末の、色で陰影をつけた浅いしっくい細工の天井。

図6.9：ロココ様式の天井の一部。ウスターシャーのウィトリー・コートの側に建つ教区教会にて。修復により、かつての白と金の輝きをとり戻した。

床

中世の館の場合、１階の床は、土を混ぜた表面を熊手でならし、その上から水をかけて、乾かしてから、へらで叩いて固めたものだった。石灰、砂、骨のかけら、粘土、雄牛の血なども混ぜ込むことで、強さと見た目のよさを求めたかもしれない。16～17世紀には、これらの床は石の板で覆うか、オランダの流行をまねて、黒と白の大理石のタイルを敷きつめた。レンガや粘土製の床張り材は、南部や東部地方でひろく使われるようになったが、もっとも早い時期のものでは、ふつうは大きめで、うわぐすりをかけていなかった。うわぐすりをかけたものは、18世紀に現れた。

ジョージ王朝時代の最上級の部屋は、磨き立てられた石造りか大理石の床で、その下は、レンガ製の丸天井（ヴォールト）で重さを支えており、つまり地下室を作ることがふつうになった。そのほかの階は板を組み合わせてできていて、古い床の場合、角材の幅が広かったり、一定でなかったり、たがいにぶつかり合ったりしていた。細めでサイズのそろった角材を、実矧《さねは》ぎ[1]を使ってつなげた床は、19世紀になってからようやく作られるようになった。硬い木材を使った床は表面をよく磨いて仕上げ、安価でやわらかい木の場合は、色を塗ったり木目を描いたりして、実際よりも上質な木材に見せかけた。そして、たいていの場合、床の上はラグ、じゅうたん、床用の敷布などで覆った。寄せ木細工のパターンが18世紀の初めに人気を集め、その後、アーツ・アンド・クラフツ様式のデザイナーの時代にふたたびよみがえることになる。

じゅうたんは17世紀に、部屋の中央に敷くものとして初めて登場した。使う部屋で部分を縫い合わせて仕上げ、床全体の大きさに敷きつめるというやり方は、ジョージ王朝時代の半ばに、最上の部屋の一部で使われるようになった。とはいえ、動かすことが可能で、手入れも簡単な小さなサイズのじゅうたんも20世紀にいたるまでよく使われた。18世紀後半には、ひとりの人

図6.10：寄せ木細工の床は、この写真のようにヘリンボーン柄に作られることが多く、床に板を張った館のうち古いものによく見られ、19世紀末のアーツ・アンド・クラフツ様式のデザイナーが復活させた。

1）　片方に突き出した部分、もう片方に凹んだ溝を作り、差し込む形でつなげる方法。

間がインテリア・デザインの計画をコントロールするようになったので、じゅうたんを注文するときに、天井のデザインとマッチするような模様に織らせるようになった。

ヴィクトリア時代の館は、同時に幅広い建築様式を使うようになり、それぞれの部屋の使用目的も細かくなっていった。その結果として床の素材も、石や大理石の四角いタイルを２色の取り合わせで使ったり、中世のようにタイルで模様を描いたりと幅広くなった。焼き付け法で色をつけたレンガで模様を作るやり方は、中世のデザインにもとづいており、ゴシック様式の館で人気があった。うわぐすりをかけないプレーンな赤褐色、黒、淡黄褐色のレンガは、使用人の仕事部屋と半地下の空堀（エアリア）に非常によく使われた。

暖炉

中世の立派なホールでは、中央で焚いた火から出る煙は、ふつう屋根の一番高いところにもうけた放熱孔（ルーバー）を通して外に出した。これはフランス語で開口部という意味だ。そして、火は夜通し焚いておき、その上にはクーバー・ヒューと呼ばれる、丸い穴のあいた陶製のボウルをかぶせてあった。クーバー・ヒューとは、フランス語で火覆いという意味だ。現在では夜間外出禁止令を意味する「カーフュー」という単語はここからきている。最初に加えられた改良は、まず火を部屋の端に移動して、煙をさえぎる仕切りをもうけること、あるいは、多くの場合は木としっくいで作った大きなフードを、壁にそって火の上にかぶせることだった。やがてこれが、ついには暖炉と煙突に発展していく。このような古い時代には、「チムニー」という言葉は暖炉全体と組み合わせ煙突のすべてを同時に指していた。言葉の由来はギリシャ語の「カミーノル」で、意味は「オーブン」だ。チューダー朝時代の館の暖炉のまわりの部分、別の言葉でいうと「チムニーピース」は、横はばが広く、開いた部分は低いアーチ形になっているのがふつうで、これは大きなたきぎを燃やすために必要な形だった。16世紀のうちに、裕福な家では北東部で生産された石炭を使えるよ

図6.11：Ⓐ中世後期のホールの炉床。部屋の隅に移動した。Ⓑスモーク・ベイ。火の上にはめ込んだ部分を通して煙を導き、上に出す。Ⓒスモーク・フード。煙を追い出すまた別の方法。Ⓓチューダー朝時代の、壁の中に奥まった暖炉。図のような四心アーチ形（小さな２つの円と大きな２つの円を組み合わせた、先のとがった平たいアーチで、チューダー・アーチともいう）またはまぐさ石（２つの支柱の上に水平に置いた石）を使うのが当時の流行だった。Ⓔコブ・アイアンズ。食べ物をあぶるための焼き串（スピット）を置く台。Ⓕまき乗せ台（ファイア・ドッグ）。

図6.12：16世紀末の、四心アーチ形開口部をそなえた暖炉。棚の上には飾りをほどこしている。

うになった。この燃料は、かつて船でロンドンへ運ばれたので海の石炭（シー・コール）と呼ばれていた。時代がすすむにつれて、暖炉のサイズは小さくなっていった。石炭なら、より少ない燃料でたきぎと同じだけの熱を得られたからだ。煙突掃除人にとってはつらいことだが、この新型の煙突は大人が中をよじ登って掃除するには小さすぎたので、時代が移るにつれ、幼い子どもが使われるようになった。

16世紀末に、暖炉は部屋の主役になり、その上にはぜいたくな飾りがほどこされていた。17世紀末には、開口部のまわりの飾りはシンプルになり、中央にかけてより壁から盛り上がった浮き出し繰形装飾（ボレクション・モールディング）がはめ込まれるようになった。18世紀のあいだに、石か大理石を使って、上の部分には棚を、左右には古典様式の柱か石像を作り、横はばを広くしたタイプのデザインが人気を集めた。そして、ジョージ王朝時代の末期には、最新流行の新古典様式のモチーフが使われた。19世紀になると、石炭が広く普及する。1870年代には、効果の高い通風調整弁（レジスター）付きの火床に、左右に飾りのタイルを貼ったものが主流となっていた。アーツ・アンド・クラフツ様式の建築家は、石炭よりもたきぎの火を好むことが多く、炉隅《ろすみ》[1]（イングルヌック）を作ったり、暖炉の上下左右の幅をとても広くして、棚やガラスの入った戸棚を作りつけ、白地に鮮やかな緑と青色で模様を描いたタイルを貼ったりした。

図6.13：17世紀末の暖炉。この時代に特徴的な浮き出し繰形装飾がまわりの部分を飾っている。

1) チムニー・コーナーともいう。人が入れるほど大きく作った暖炉の壁際の隅にもうけられた場所。

図6.14： 18世紀末の暖炉。ロバート・アダムによるデザイン。人形《ひとがた》の像（女人柱像、カリアティドという）を柱の代わりに左右に置き、浮き出し模様の飾り板を中央に置いているところが特徴だ。まき乗せ台は置かなくなり、小さくなった開口部に火格子をそなえている。ここに小さな石炭のかたまりを入れることで、効果的に炎を燃やすことができるようになった。

図6.15： アーツ・アンド・クラフツ様式の特徴をそなえた暖炉。炉棚上とまわりの飾りは木製で、ガラス入りの戸棚や、戸のない棚や、椅子が作りつけてある。

扉

古い時代の扉は長い厚板（プランク）を縦に並べ、水平の細い板を釘で打って固定し、鉄製のちょうつがい、またはかんぬきで外枠に留めていた。チューダー朝時代の領主館では、このような基本的なつくりに加えて、より派手な飾りをほどこしたものも非常に増えていたようだ。しかしルネサンス期の紳士とその後継者たちは、自分たちの家の古典様式の装飾にもっと似合う扉が欲しいと考えた。平らな鏡板《かがみいた》（パネル）をはめ込んだ扉は、こうして発展していった。初めは2枚のパネルのみでできていたが、18世紀までには6枚パネルのデザインがふつうになっていた。こうした扉は優雅であるだけでなく、前より軽くなったので、背出しちょうつがいをより小さくして、扉と枠のあいだに隠すことが可能になった。マホガニーや樫などは素材の色のままだったが、マツ材などの安価なやわらかい木材は、すべて色を塗って使われていた。その

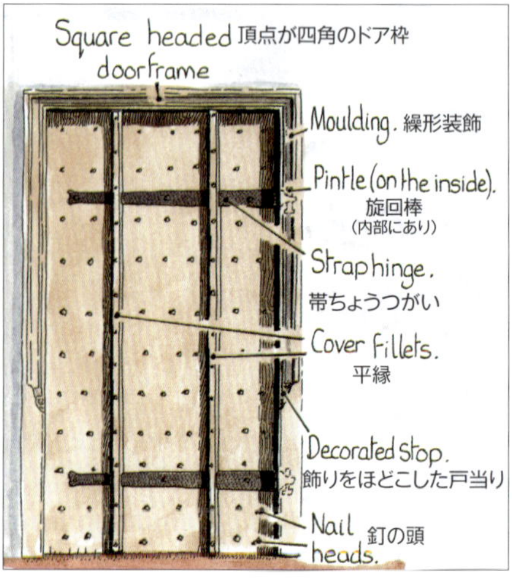

図6.16： 中世後期またはチューダー時代の扉。縦長の厚板に、水平の小割り板を裏側につけてできている。こうしたドアは、壁またはドア枠の裏からとりつける形で閉じていた。

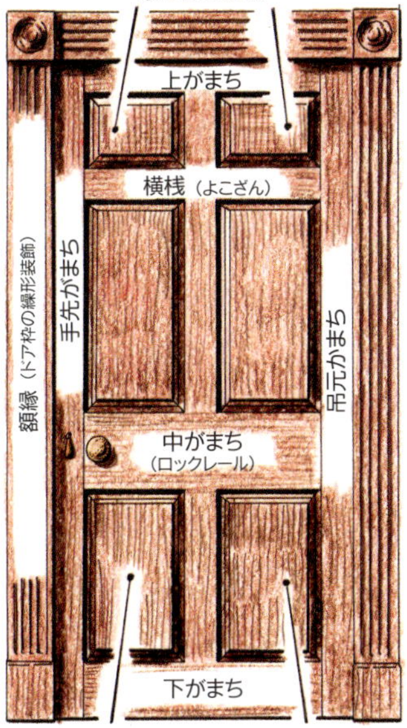

図6.17：摂政時代の6枚パネルのドア。図のなかにパーツの名前を示した。同心円形または平凸レンズ形の飾りが上部にほどこされているのがこの時代の特色。

ほかの場所の鏡板や彫刻の飾りも、同じルールにのっとって使われた。ヴィクトリア時代の人びとは、4枚の鏡板をはめた扉をよく使い、後期の復興オールド・イングリッシュ様式になると、厚板を小割り板（バッテン）でつなぎ、飾りの多い鉄の帯形ちょうつがいをつけた扉が復活した。

王政復古後、かつては壁の一部で、繰形装飾と彫刻がほどこされていた扉のまわりの部分に、豪華なドア枠が作られるようになった。円柱やバロック様式の装飾、その上に乗ったエンタブレチュアやペディメントが、扉の周りに華を添える。ときには扉を二重にすることもあり、それは一般的にとなりの部屋に食べ物の匂いが入らないようにするためだった。また、よく知られているとおり、緑色のベーズの扉というと、館の主要な部分と使用人の仕事部屋をへだてるもので、ベーズは使用人側に貼られ、使用人のたてる不快な音が漏れないようにしてあった。

階段

中世の館で、上の階にある数少ない部屋にのぼる方法といえば、丈夫なハシゴよりは多少ましという程度の階段か、あるいはもっと立派な石造りの建物であれば、せまいらせん階段だった。上の階の部屋がしだいに重要になるにつれ、そこへ上がるためにより幅が広く、もっと手の込んだ細工の階段が必要になり、階段を別の塔に収めたり、建物のうしろを少し広げたりすることも多かった。17世紀のはじめ、側桁《がわげた》[1]をそなえた階段の人気が高まった。段板《だんいた》[2]と、け込み板[3]を別々に作って側桁に差し込み、その側桁は、幅の広い曲がり角と、親柱[4]で支えた。親柱は強力なステータスシンボルと考えられており、樫でできた柱や手すり子[5]は美しく飾られ、紋章や獣の彫刻をほどこすことが多かった。時代がすすむと、古典様式の人物像や自然のモチーフも現れる。ホールの先に別の部屋を作って階段を収めることも多かったが、そうなると、親柱の彫刻はますます重要になったことだろう。以前に引き続き、彫刻をほどこしたドッグ・ゲートを階段の下に作る例も多少は見られた。これらのゲートは、夜のあいだに動物たちをホールから出さないために使われた。

建具の技術は向上し、親柱は床板ではなく階段の段板の上に立つようになり、階段は宙に浮

1) 階段の左右を支える斜めの板のうち、段を隠す形のものをいう。
2) 足を乗せる板。
3) 階段の垂直な前面の板。
4) 最上段や一番下の左右に立てる大きな柱。
5) 手すりを支えるために並べた細い支柱。

図6.18：17世紀の側桁式階段。段板と、け込み板が側面で支える板に差し込まれている。Ⓐ飾りをほどこした手すり子。Ⓑ親柱。階段の上のところにドッグ・ゲートがある。

図6.19：摂政時代の鋳鉄製手すり子。段板の上に設置されている。側面の支えはささら桁式。

図6.20：17世紀末の手すり。こってりとした木彫りの飾りがつけられている。

いて見えるようになった。とはいえ段板は実際には壁から突き出す形で固定されていたのだが。段板の裏側がむき出しにされる場合もあって、そこには天井と同じようにしっくいを塗り、繰形装飾を使ったり、さらには絵を描いたりすることすらあった。そのほか、美しい寄せ木の床を張った踊り場や、手の込んだ彫刻をほどこした手すり子なども作られた。18世紀の階段には、ささら桁[6)]がつき、以前よりも優雅で細い手すり子が、段板の上に直接乗るようになった。支柱は鋳鉄《ちゅうてつ》製で、手を乗せる部分がマホガニー製、手すりの端が渦巻き状になっているというのが後期ジョージ王朝時代の目立つ特徴だ。

ヴィクトリア時代の階段は、その館全体の様式を反映して、古い時代に流行した形のレプリカにすぎなかった。ただアーツ・アンド・クラフツ様式のデザイナーだけが、革新的な形の階段を作り、それが20世紀のモダニズム様式の先ぶれになった。

6） 階段の左右を支える斜めの板で、側桁と違って段の側面の形に合わせて切り込まれたものをいう。

第7章

階上の部屋
The Upstairs Rooms

ホール、応接間、正餐室

図7.1：ブラックウェル・アーツ・アンド・クラフツ・ハウス、ウィンダミア、カンブリア：中世のホールと、チューダー朝の農場の居間と、ヴィクトリア朝のビリヤード室をひとつにまとめたような部屋。デザインしたのはヒュー・マッカイ・ベイリー・スコット。彼やその他のアーツ・アンド・クラフツ様式の建築家は、ホールというものを生まれ変わらせた。ジョージ王朝時代には、美しいが、ただ通り過ぎるだけの部屋に成り下がっていたホールを、ふたたび館における社交の中心となる場所に変えた。これは、ひとつのカントリー・ハウスのなかの主要な部屋について、それぞれの役割と、どの部屋が一番重要かということが、何世紀もの時間がたつにつれて変わっていく可能性があるということを表している。

館の主要な部分にある部屋は、客を受け入れ、もてなす場所と、家族がすごす私的な場所に分けることができる。ほとんどの家主にとって、もっとも優先したいのは、客に良い印象を与えることだったので、接客用の部屋には最高のぜいたくさと流行が取り入れられた。こうした主要な部屋を、どこまで立派にしつらえてあるかの度合いには、持ち主の裕福さと、そして王宮と政治の世界にどれだけ近いかということが表れていた。私生活のための部屋には、持ち主の個人的な趣味や、日常生活に必要とするものに影響されていた。けれど、こうした家族用の部屋に客が招き入れられる場合もあり、やはりある程度までの上質さは保っていたことだろう。流行の最先端をいく主人の館は、ひんぱんに中も外も改装したが、ときには見た目だけではなく、部屋の使用目的まで建築当初とは変えてしまうことも多かっただろう。家具についても、ふつうは先代か、現在の持ち主の趣味に左右された。それでも、館のなかでのその部屋の位置づけ、サイズや大きさの比率、家具調度品のタイプなどをチェックすれば、もともとの使用目的や、かつてはどんな姿をしていたのかを考えるヒントになるだろう。

ホール

中世初めのホールは、その家に住む人びとの生活の中心だった——大きく開かれた空間であり、ここで荘園の領主と仲間の貴族たち、私的な軍隊や使用人たちは食事をとり、酒を飲み、眠っていた。このホールで領地裁判をひらいたり、農地の運営をしたり、武装した私兵が集まったり、客をもてなす宴をひらいたりした。ホールこそが地域のコミュニティの心臓部であり、あらゆる階級の人間を受け入れていた。屋根の高い空間の中央には炉床があり、そこで燃える火から出た煙は、屋根にある切れ目から出ていった。ホールの片側の端には一段高くした席が作られ、高座（ディス）と呼ばれるこの席には領主が座った。高座を明るく照らすため、大きな窓をつけることも多く、その反対側には仕切り壁（スクリーン）をもうけて、メイン・エントランスから入るすきま風を防いでいた。

使用人のげっぷ、私兵のいびき、背中をかく犬、不潔な泥まみれのわらの寝床などに耐えながら一緒に寝るというのは、どうやら、あとの世代の中世の地主たちにとってはすっかり魅力のないことに思えたらしい！　彼らはホールの端に棟を作って新しい私室をもうけ、その反対側の端には、食料貯蔵室（パントリー）と飲料貯蔵室（バタリー）を作って、そのあいだにキッチンにつながる通路を作ることもあった。中世後期は、黒死病（ペスト）の流行による社会の大変化がおこった時代でもあった。古い封建制度は崩れて、地代と引き換えに領土を貸し出すようになり、土地をどう利用するかの判断は、しだいに新しい自由農民によっておこなわれるようになっていった。その結果、領地とコミュニティの中心というホールの役割はうすれ始めた。16世紀に、ほとんどのカントリー・ハウスで、炉床は部屋の側面に寄せられた。天井板が挿入されて、その上に広間（グレート・チェンバー）が作られると、それまでの下のスペースは使用人ホールになった。しかし、一部の館では次の世紀に入ってしばらくたっても、大きな部屋を共同で使う習慣が残り続けていた。

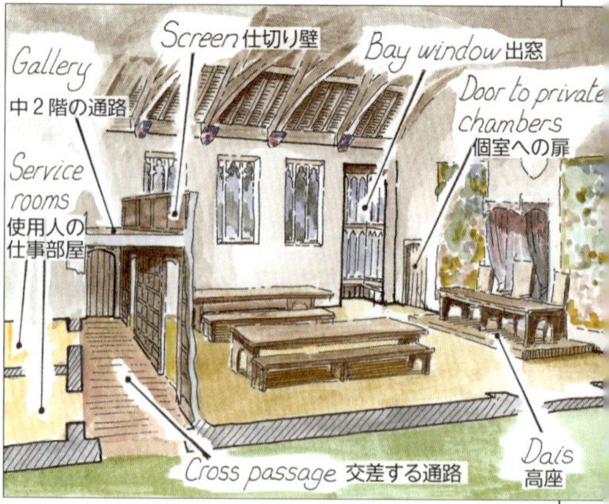

図7.2：中世後期のホール。右側の端に領主の席が置かれ、食料貯蔵室（パントリー）と飲食料保管室（バタリー）には左端の扉から行けるようになっていた。

エリザベス朝時代の紳士は新しい館を、見せるために建てた。彼らは大きなホールを、ふつうは建物の中央あたりに横長にすえて、外から正面を見たとき、そこにホールがあることがわかるようにした。しかし、ハードウィック・ホールでは、横長の建物の長い面に沿って横に置かれていたホールは90度回転し、縦長に置かれて、「ホール」という部屋の名前から現在想像す

図7.3：中世に建てられた同じホールを描いた二つの図。**［上］**炉床が部屋の中央にあったころ。**［下］**16世紀に、暖炉がつけられ、上階の床が差し込まれたところ。

るような、奥行きのある細いエントランス用の部屋に変わった。こうして来客は、この細長いホールを通り抜けるようになり、ホールで使用人たちが食事や睡眠をとることはもはや無理になったので、目に入らないところに別の宿泊設備が作られた。この時代の最上級の館のホールには、ふつう鏡板《かがみいた》（パネル）が貼ってあり、天井はしっくい塗りに模様をつけた新しいものに変わった。来客は美しい彫刻をほどこした階段をのぼって、館の片側に仕切られた貴賓室《きひんしつ》に入っていくことになった。18世紀には、貴賓室はますます大事なものと考えられるようになり、この部屋がある主要階（ピアノ・ノービレ）には、部屋の外から階段をのぼって入るようになった。当時、主要階の部屋は洗練された古典様式のデザインが多かった。円柱（コラム）や壁龕《へきがん》（アルコーブ）、淡い色のしっくい塗りで仕上げた壁、そして明るい色の石造りか大理石の床。これらの部屋は涼しいので暑い夏に食事をとることもあったし、じゅうぶんな広さがあるため、大所帯の客を迎えたり、控えの間として使うことも可能だった。ホールは19世紀にはすでに重要な部屋ではなくなっていたが、アーツ・アンド・クラフツ様式の館では、建築家たちが、中世には共有の場であったホールの役割を再現することに力を入れた。大きく開かれたスペースの内側には、炉隅《ろすみ》（イングルヌック）の暖炉や中２階の通路（ギャラリー）をそなえ、客を出迎えたり、晩餐の前に集合したり、食事が終わったら団らんのひとときを過ごしたりすることができるように椅子が置いてあった。

図7.4：ケドルストン・ホール、ダービーシャー：18世紀のパラディオ様式の館では、現実ばなれした美しさの大理石と石材でできたホールが呼び物だった。ロバート・アダムがデザインしたこのホールは、縦溝をつけた円柱、アーチ形の壁龕《へきがん》（ニッチともいう。飾りを置くための壁のくぼみ）には彫刻が入っている。上には巨大な格天井《ごうてんじょう》（凹形にへこんだ四角や多角形のパネルを用いた天井）が見える。

グレート・チェンバー

カントリー・ハウスの持ち主がプライバシーを求めはじめたとき、最初に現れた部屋のひとつがグレート・チェンバーだった。領主が食事をとり、眠ることのできる2階の部屋は、ソーラーと呼ばれた。もとの言葉は「ソーレリアム」で、「太陽」を意味する「ソル」に起源をもつ。ホールの反対の端にある使用人の仕事部屋から、食べ物は行列をなして運びあげられ、家臣たちがテーブルにそって着席しているホールを通りぬけ、高座の横の階段をのぼっていく。しかし中世後期になると、領主はおそらくここに客を迎え、正式な食事をとったと思われる。というわけで、ソーラーは部屋としての格が上がり、前よりもぜいたくな飾りつけがされるようになって、奥には別に寝室が作られた。

ソーラーからグレート・チェンバーに名前の変わったこの部屋は、16世紀から17世紀の初めまで人気があった。通常は、メインの建物に交差する棟の2階になるか、あるいは、ホールに天井板が挿入されて輪切り状に分割された場合、ホールの真上の階に置かれることも多かった。グレート・チェンバーは、壁につづれ織り（タペストリー）や家族の肖像画をかけて見せる展示室として使われたり、重要な食事をとったり、あるいは音楽を楽しんだり芝居や舞踏の会場として使われることさえあった。壁は木の鏡板張り、椅子は馬の毛で編んだ織物で覆われて、この部屋で食事をしても匂いがつかないようにしていた（とはいえ、この時代になってもまだ、ほとんどの人が木製のベンチに座っていた）。また、暖炉の上には王家の紋章をあしらったり、狩猟のようすを描いたモチーフを飾りに使ったりすることも流行った。時代がすすむと、グレート・チェンバーはしだいにサイズが大きくなり、弓形折り上げ天井が使われるようになる。暖炉の上には絵画がはめ込まれ、果物や花や鳥の豪華な彫刻が飾られていた。

バンケティング・ホール

16世紀のころ、メインの料理を終えた客たちは、別の部屋へ移動し、ぜいたくな極上の軽焼きの菓子（ウェファー）やスパイスを食べた。この習慣を当時、バンケットと呼んでいた。大きな家には、この目的のためだけに作られた堂々としたバンケティング・ホールがあった。庭に建つ独立した建物のこともあれば、外にも出られるようにした屋内の部屋の場合もあり、館によってはこれを屋上に作って、客たちがリラックスし、景色を楽しめるようにした。

図7.5：バンケットは、館のなかの小さなホールでおこなわれることもあれば、庭にあるバンケティング・ハウスを使うこともあった。写真はかつてオックスフォードシャー、チッピング・カムデンのカムデン・ハウスの庭だった場所に建っているバンケティング・ハウス。

パーラー

グレート・チェンバーとバンケティングホールは、日常の食事には豪華すぎるということになったので、家族のためにパーラーがもうけられるようになった。パーラーという言葉はフランス語のパルレ、「話すこと」からきており、つまりこの部屋がプライベートな会話をかわす場所であることを示している。パーラーは15世紀よりあとに建てられたカントリー・ハウスで見ることができる。ふつうはシンプルな内装で、食事が終わったらどけることができるよう折りたたみ式の脚のついたテーブルが置かれていた。それ以外の家具は少なかった。また、大量の皿や、ナイフなどの食器も当時はまだ使われていなかったので、客は自分のナイフとスプーンを持参していた。なお、フォークが一般に普及するのは18世紀のことである。大きな館では、おそらくふたつ以上のパーラーを作り、グレート・パーラーとリトル・パーラーと呼んでいたことだろう。しかし、18世紀から19世紀になると、カントリー・ハウスの私的な家族用の部屋は午前中の居間（モーニング・ルーム）、あるいは朝食室（ブレックファスト・ルーム）と呼ばれることが多くなり、パーラーという名の部屋は、中流階級の家によくある部屋となった[1]。

正餐室

18世紀までに、グレート・チェンバーはふたつの部屋にとってかわられた。サルーンと正餐室（ダイニング・ルーム）だ。正餐室は重要な食事

1) この場合の小さな中流階級の家庭におけるパーラーは、「客間」として使われることが多かった。

をとる部屋として使われ、館のなかでも大きな役割を果たすようになった。カントリー・ハウスでは、食べることそのものと同じほど、見せることが重要だったからだ。壁はふつう、しっくい（プラスター）や化粧しっくい（スタッコ）で塗り、花や果物、動物を天井じゃばら（コーニス）や小壁（フリーズ）にあしらった。また、食べ物の匂いがつかないように、カーテンよりよろい戸のほうがよいとされた。正餐室は男性的な空間で、金箔の額装をした絵画が引き立つよう濃い色が使われていた。その絵画を客が鑑賞し、語り合えるようにするためだ。折りたたみ式のテーブルと椅子を置き、食事が終わると部屋の隅に押し付けておいた可能性がある。ほかの目的に部屋を使うということは、この時代にもまだおこなわれていたからだ。

ヴィクトリア時代の人びとは、以前よりも人間が快適に過ごすために手をかけて環境を整えるようになり、温かい食事を望んだ。というわけで正餐室はキッチンからあまり遠くないところになる。そばには配膳のためのスペースがあり、さまざまな料理がここに運び込まれて、食卓に送り出されていった。正餐室のなかには、隠し扉がついているものさえあり、この扉から使用人が現れて、最小限の動作で皿を下げることができた。テーブルが部屋のまんなかの定位置を占め、部屋の使用目的がひとつに決められるようになったのは、ようやく19世紀の初めになってからのことだった。食事が終わるとレディたちは退席し、紳士たちの葉巻の煙と酔っぱらった笑い声がこの部屋に満ちあふれた。

図7.6：ジョージ王朝時代中期の正餐室。はっきりとした濃い色の壁は、そこにかかっている金ぶちの絵画の背景として効果的だ。

図7.7：コーク・アビー、ダービーシャー：1794年に作られた正餐室。繊細なしっくいの繰形装飾が、壁にはめ込まれた小さな絵画を取り囲んでいる。そして円柱の奥にくぼみ（アルコーブ）が作られ、サイドボードを置いて、ここで食事を取り分けることができるようになった。右手の円柱のすぐうしろにある扉に注目。ここから使用人が目立たずに出入りすることができた。

サルーン

サルーンは、フランス語の単語で、「ホール」という意味の、サーラというイタリア語に由来を持つ。客をもてなし、見せびらかすために使われた部屋だ。バロック様式とパラディオ様式の館では、サルーンはエントランス・ホールの奥に、中心の軸を作るように置き、その左右には正餐室と応接間を置くことが多く、サルーンからは館の背後にある庭の景色を楽しめるようになっている。この大きな部屋は、18世紀のカントリー・ハウスには欠かせないものと考えられ、ホールと同じくらい高い天井をそなえていた。もし上の階の配置にうまく収められるようであれば、上の部屋の床板を持ちあげることまでして天井を高くした。サルーンは豪華な展示室のひとつとみなされていたので、建築家はとても大きなスペースを利用でき、丸い形や、立方体をふたつ並べた（ダブル・キューブ）形の部屋を作った。そのなかにはくぼみ（アルコーブ）や、アプス[1]、堂々とした弓形折り上げ天井やドーム形天井、そして庭をのぞむ浅い弓形の出窓などで飾っていた。

最上級の美術品、彫刻、家具などが展示されたのはおそらくこの部屋だった。また、コンサートや舞踏会、その他のもてなしもおこなわれたことだろう。ここで食事をとることはなかったので、壁には繊細な布地を貼ることもでき、その上には絵画を飾った。19世紀には、多くのサルーンがたんなる絵画展示室（ピクチャー・ギャラリー）になり、部屋の名前としてもそう呼ばれるようになった。つまり、かつてのサルーンはどちらかというと美術館になったのであり、舞踏会や大きなパーティーをひらく場所としては舞踏室（ボールルーム）が使われるようになった。展示してある品々に光をあてるため、天井にはガラスの板がはめこまれることも多かった。

応接間

中世のソーラーという部屋が、よりぜいたくなグレート・チェンバーに発展していくにつれて、ふつうは館の主人のための寝室が別に作られるようになった。グレート・チェンバーと寝室のあいだには控えの間（アンテ・チェンバー）が作られ、パーラーができる前の時代には、ここで主人は私的な食事をとり、使用人はわらの寝床で眠りながら、主人の寝室につながる扉を守っていた。この控えの間は小さな空間で、ウィズドローイング・ルームと呼ばれた。

16世紀末から17世紀初めにかけて、ウィズドローイング・ルームは私的な居間になり、館の主人はお気に入りの、あるいはもっとも価値のある芸術品をここに集めた。しかしバロック様式の館では、この部屋は一連の貴賓室の一部として組み込まれ、かならずといっていいほどサ

1）もとは教会の後陣を指す。天井がドームで半円形に張り出した部分。

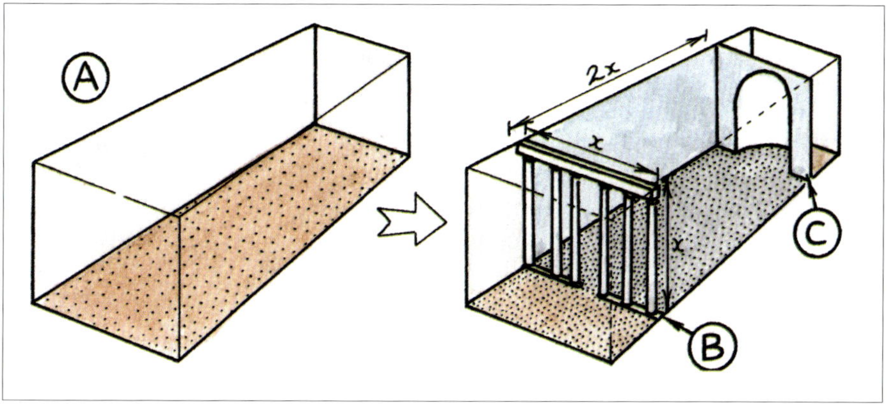

図7.8：18世紀のカントリー・ハウスにおいて、重要な部屋は、立方体ひとつかふたつ分の比率で作ることが好まれた。しかし、すでにある館を改装するとき、壁を動かしてそうした比率の部屋を作るというのはふつうに考えて現実味はなかった。ロンドンのサイオン・ハウスでは、ロバート・アダムがこの難しい課題に取り組んだ。Ⓐ元の部屋が細長かったのだ。そこで、Ⓑ円柱を並べて部屋を仕切る。Ⓒアプスを作る。この方法により、部屋のなかの空間は立方体ふたつ分（ダブル・キューブ）となった。

図7.9：ジョージ王朝様式の応接間。正餐室よりも明るい色のとりあわせでデザインされ、気さくな外見になっている。トランプをはじめとしたゲームを遊ぶための小さなテーブルは、非常に人気があった。

ルーンと寝室のあいだにあった。うちとけた部屋になったので、サルーンやホールよりも天井は低いことが多く、壁には繊細な織地が使われ、金具覆い（ペルメット）をそなえたカーテンが窓のまわりにつけられた。このあと、あらゆる部屋の窓にカーテンをつけることが流行していく。ウィズドローイング・ルームは女性的な空間と考えられていた。男性が正餐室にとどまって煙草や酒をたしなんでいるあいだ、女性たちはこの部屋にひきとる（ウィズドローする）ようになり、「応接間（ドローイング・ルーム）」という名で呼ばれるようになった。部屋の役割はあいまいだった――カード遊び用のテーブルやつむぎ車があったり、あるいはピアノが置かれ、音楽をモチーフに部屋のなかが飾られていたりもした。摂政時代のあいだに、うちとけた雰囲気が強まり、椅子は壁に沿って並べるのではなく、部屋のあちこちに集めて置くようになった。暖炉の上の壁に鏡をつけるフランスの流行が人気を集め、気楽な感じとぜいたくさが増して、詰め物をしたソファや、大きくひだを寄せた金具覆いが使われるようになった。19世紀のあいだも、ここは女性のための部屋という役割を保ち、つねに軽やかで女性らしい印象を与えるインテリアになっていた。この応接間が一番上等で、よい位置に置かれている家も多くなった。

寝室

16世紀には、館の主人がもっとプライバシーを守りたいと強く思うようになったので、寝室を独立させることがあたり前になった。主人は夜には家族や使用人とは別の部屋へ引きこもることができるようにはなったが、前の時代から引きつづき、ここはまだ友人や客を迎え入れる

図7.10：四柱式寝台を収め、柵で閉じたアルコーブのある寝室。左に見える扉が、ベッドのある個室に通じている。柵が流行した期間は非常に短く、現在まで残っているものは非常に少ない。

こともできる公共の部屋だった。四柱式の寝台はこの部屋の主役であり、単品として館のなかで最も高価な家具だった。この寝台のカーテンは、すきま風をふせぎ、使用人の目からプライバシーを守るのに役に立つ。寝台はふつう窓の反対側に置き、窓と窓のあいだの壁につけて鏡台を置いてあった。部屋の主はこの部屋で着替え、顔を洗い、入浴もしたが、17世紀の終わりにはそうしたことのために別の部屋が用意されるようになり、古い鏡台は見せるための家具となった。

このころの大きなバロック様式の館では、貴賓用の寝室（ステート・ベッドチェンバー）は、縦列《じゅうれつ》（エンフィレード）**［図3.8］**の先の端に置かれることが多かった。サルーンとウィズドローイング・ルームを通り抜けたあとに着くことになるが、そうした部屋より貴賓用の寝室のほうが飾りはやや簡素だった。四柱式寝台を柵のむこうに置いたり、円柱で仕切ったアルコーブに入れたりすることが流行ったこともあった。こうすると、部屋のスペースが空き、昼間は別の目的に使うことができる。この間取りによって、貴人とお付きが列をなして貴賓用寝台にひきとるという儀式ばった当時の慣習が最高潮に達した。とはいえ、おそらくはアルコーブの横の壁には隠し扉があって、そのなかにはもっと簡素な寝台が入っており、儀式を終えた貴人は実際にはそちらを使ったのだろう。

19世紀には、主要な部屋が1階に置かれる一方で、寝室は上の階に移された。しかし、病人や年配の家族の使う寝室は1階に残される。このような新しい寝室は、古い時代の貴賓用寝室よりも、サイズは小さく、部屋の数は多く作ることが多かった。それはたぶん、ヴィクトリア時代の紳士たちには、少人数の家族だけで過ごすよりも、非常に多くの客を招いてもてなす機会が増えていたからだろう。

更衣室

17世紀の終わりまでに、寝室の隣に独立した更衣室（ドレッシング・ルーム）が作られるようになった。男性用の更衣室の場合は、小間（キャビネット）と呼ばれた。ウィリアム三世はこの部屋でごく限られた重臣たちと会っていた。「キャビネット」という言葉は、現在も内閣のことを表している。天井は寝室より低めになっていることが多いので、暖炉は角にもうけ、東洋風の工芸品や小さな絵画を置くことが好まれた。18世紀末には、女性用の更衣室が婦人の小間（ブドワール）と呼ばれるようになった。これはフランス語の動詞「ブウデ」からきたもので「すねる」という意味がある。ブドワールは女性たちが縫い物をしたり本を読んだりするための私的な居間で、しだいにぜいたくなしつらえになっていった。このころには寝台の間（ベッドチェンバー）はすでに上の階に移動し、現在と同様のふつうの寝室（ベッドルーム）に変わっており、男性用の小間はシンプルに更衣室（ドレッシング・ルーム）と呼ばれるようになっていた。

寝室または更衣室からつながる、また別の小さな部屋は、クロゼットといって、室内用便座（クローズ・スツール）をそなえていた。これは室内用便器（チェンバー・ポット）にちょうつがい式のふたをつけたものだ。かつて中世の館では、主人はグレート・チェンバーで室内便器を使い、ほかの家族は別室のトイレ（ガーダーローブ）を使っていた。これはふつう高い塔のなかにあるとても小さな部屋で、板にただ穴をあけただけの便座があり、穴の下は地面に続いていてあとで肥料に使うか、または堀に直接落とすようになっていた。16世紀には、カントリー・ハウスには、室内用便座をそなえた独立したクロゼットができた。この部屋は戸棚くらいの大きさしかなく、明かりも換気も考えられてはいなかったようだ。高貴な人びとも、こんなトイレを使わなければならないのは嫌だったろうが、あわれな使用人たちの状況はもっと悪かった。主人が使ったあと、汚物でいっぱいの器を持って館のなかを歩いていかなければならないのだから。17世紀末には、クロゼットはひとりきりで心をやすらげる場所になっていった。部屋は大きくなり、化粧板や、ことによるとビロードさえ使ったぜいたくな椅子に座って用を足せるようになった。その後、18世紀末に、水洗式トイレが登場し、クロゼットは過去のものになった。

図7.11：リトル・モートン・ホール、チェシャー：増築されたトイレ。建物の正面から突き出しているが、これは後の時代にはとても許されないつくりだろう。右の絵は、個室のひとつの内部を描いたもので、穴は外の堀に直結している。

ロング・ギャラリー

エリザベス一世時代の人びとは、イングランドの天候がよくないことをよくわかっていた。そこで巨大な長い部屋を作り、大量のガラスをはめて明るくして、気晴らしに使えるようにした。このロング・ギャラリーの流行が最高に盛り上がった期間は比較的短く、16世紀半ばから17世紀半ばまでだった。しかし、この部屋の特徴的な長く細い形は、とても多くのカントリー・ハウスの名物となり、改装を加えたあとにもまだ残っている。ロング・ギャラリーの長さは46メートル以上にもなった。少なくとも二方向の壁にはガラスが全面にはめこまれ、ほかの壁には木の鏡板が張られ、床は長い板張りで、人びとはここで眺めを楽しみながらそぞろ歩くことができた。ここは家族みんなが使う部屋だった。たとえば壁面を使ったテニス（リアルテニス）のようなスポーツを楽しんだり、ビリヤードや、専用の長いテーブルでおこなう銭はじき（ショーブ・ハーフペニー）などのゲーム、そして、ときには体操や、昔のダンベルやトレーニング椅子を使った運動さえもしていた。もっと教育的なロング・ギャラリーもあった。長い壁のひとつに重要人物たちの肖像画を飾ったり、隠れた意味を持つシンボルのしっくい仕上げをほどこしたりした。しかしロング・ギャラリーの形は、次の時代のバロックの館には合わせるのが難しかった。18世紀に作られたロング・ギャラリーもあるが、絵画やダンスや食後のおしゃべりに使うためのものに目的は変わっていた。現在まで残っているこの部屋のほとんどは、図書室（ライブラリー）か絵画展示室（ピクチャー・ギャラリー）に変わっている。ヴィクトリア時代には、ほかの部屋と同様に、かつてのロング・ギャラリーが持っていた役割は、非常に多くの小さな部屋に振り分けられていった。子どもたちは子ども部屋で遊ぶようになったし、男性の娯楽にはビリヤード室があり、女性たちは婦人の小間か応接間を使い、時事問題についての議論は書斎（スタディ）で、そしてダンスは舞踏室でおこなわれ

図7.12：リトル・モートン・ホール、チェシャー：この壮観なロング・ギャラリーは、南棟の最上階に乗っている［**図1.1**］。おそらくここではリアルテニスがおこなわれたものと思われる。なぜなら、壁の鏡板の裏から17世紀初頭のボールが２個見つかったからだ。

るようになった。

図書室

人文科学を学んだルネサンス時代の紳士は、本のコレクションを始めたかもしれないが、このような貴重な品物を集めておく専用の部屋は、17世紀になるまで登場しなかった。集めた本は、ふつうクローゼットにしまわれていた（現在のように本や新聞をトイレに保管するのは、別に新しいアイディアというわけではないのだ！）。実のところ、図書室の原型は、かつては非常に男性的な領域で、クロゼットの隣に作られることも多かった。ジョージ王朝時代には、芸術と政治の世界で成功するために知性を高めたい、という切実な願望によって本を集めることがますます流行した。こうして、文学は重要なものと考えられるようになったので、図書室は上等な社交用の部屋に格上げになる。しだいにこの部屋は、家族みんなが、手紙を書いたり、トランプ遊びをしたり、客と会ったりする場所になった。戸のない書棚は1700年代の中盤に人気が高まり、前の時代のガラス入りの戸棚から置き替えられた。また一方で、18世紀の後半にイングランドの歴史と文学への関心が高くなったことによって、ゴシック様式の図書室が人気を集めた。

図7.13：古い時代の書棚は、ふつうガラスの扉がついて、なかに入れた貴重な本を保護していた。

礼拝堂（チャペル）

中世のイングランドでは、日常生活において信仰は重要だったので、領主とその家の者たち全員が祈りをささげるために、礼拝堂か教会、ふつうはその両方を作るのが当然だったと思われる。家族用の礼拝堂は毎日の礼拝に使い、館に隣接する教区教会には、主人一家と、そして家臣や使用人たちが毎週日曜日に参席していた。もっと大きな邸宅では、礼拝堂には居心地のよい吹き抜けの2階席があって、領主とその家族が私室から直接出入りすることができるようになっていた。家来や使用人たちは下の階の身廊《しんろう》を使った。現在も残っている礼拝堂は、その建物でもっとも古い部分であることも多く、1530年代の宗教改革以降に作られた新しいものは非常に少ない。とはいえその多くが、のちに古典様式に改装されているのだが。

しかし、カトリックの家の場合は状況が異なる。スペイン無敵艦隊との戦いに引き続いて、カトリック教徒への弾圧が強まり、彼らは信仰を秘密にしなければならなかった。こうしてこの時代から17世紀にかけて、司祭の隠れ穴（プリースト・ホール）というものが家の中に作られ、そこでカトリックの礼拝式をおこなうようになった。カトリックの領主は息子たちを海外に送って司祭にし、秘密の伝道師として自国に呼び戻していた。カトリック教徒は、多くの場合、人里離れた忠実な援助者の家に住んでいた。そういうわけで、おそろしいパーシバント（この場合は司祭ハンターを指す）が扉を叩いたときのために、巧妙な隠れ場所が必要となった。そして、今日でも多くのカントリー・ハウスに、いまだに隠し通路や秘密の部屋が残っている。18世紀末までには、反教皇派的な感情は消え去り、カトリック教徒は自家に礼拝堂を作ることを認められるようになった。礼拝堂といってもおそらくはただ、ある部屋を改装しただけだったのだろう。

図7.14：バッダースリー・クリントン、ウォリックシャー：礼拝堂のすぐ外側にある聖具室《せいぐしつ》。聖別された道具と器がしまってある。奥の十字架を置いた箱は、何の変哲もないように見えるが、司祭の隠れ穴につながる秘密の通路の入り口になっており、1591年にこの家が手入れを受けたときに使われた。それはそうと、カトリックの宣教師は、もし自分が飛び込もうとしている通路が、かつては便所（ガーダーローブ）の縦穴だったことを知ったら、通るのをためらったかもしれない！

しかし、外から見える形で作ることは許されてはいなかった。カトリックが礼拝堂や教会を作ることがふたたびできるようになるには、1829年のカトリック教徒解放法が施行されるのを待たなければならなかった。

第8章

階下の部屋
The Downstairs Rooms

キッチン、洗い場、そして酪農室

図8.1：19世紀のカントリー・ハウスの地下にあるキッチンの一部分。左には調節機能付きの直火式オーブン。食器棚と調理台は、この重要な使用人の仕事部屋の中心を占める要素だ。

カントリー・ハウスの持ち主は、立派な建物と豪華な内装を作って、客を興奮させるということは当然として、客の胃袋を満たし、もてなしに対する良い印象を与えて帰らせるということも実現しなければならなかった。中世の領主たちは、総収入の実に半分から4分の3までを食事と飲み物に費したことがわかっている。ヴィクトリア時代になっても、大邸宅では巨額の予算をなげうって、専任のスタッフと建物を確保していた。この建物には、片側の端にある出入り口から領地でとれた新鮮な食材が運び込まれ、さまざまな種類の異国風の料理となって、反対側の出入り口から運び出されていった。カントリー・ハウスの使用人が仕事に使った部屋の備品と配置が、今も残っている場合、ヴィクトリア時代のものであることが多い。20世紀の

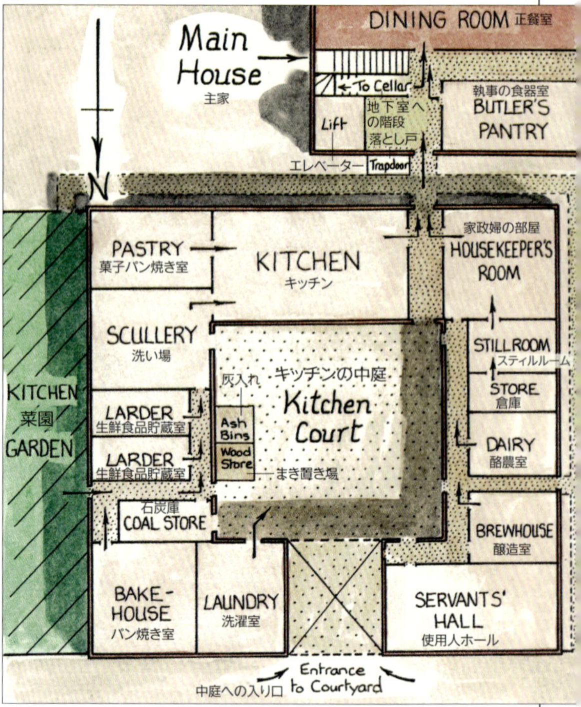

図8.2：ある19世紀のカントリー・ハウスにて、キッチンの中庭のまわりに建てられた使用人部屋の間取り図。矢印は食材や食べ物が運ばれていく動きを示し、できあがった料理は正餐室に到着する。ヴィクトリア時代の人びとは、人間の能力と作業の環境を考えあわせることで効率を生み出すことができる、という考え方を初めてほんとうに理解して、使用人の仕事部屋の間取りを計画するようになった。部屋は生産がスムーズに進むように注意深く並べられ、執事の食器室（バトラーズ・パントリー）と家政婦の部屋は、貴重な品物とスタッフに目を光らせることができる位置に置かれている。

初めには、しだいに食材や日用品は地元の卸売業者から買うことが多くなっていったので、生の食材を加工処理するための設備はあまり必要なくなった。そして多くの使用人の仕事部屋は縮小されるか、別の目的に転用された。

これらの部屋で働いていた人たちの地位も構成も、何世紀もの時間がたつにつれて変化した。きびしい上下関係に組み込まれた、つつしみ深い使用人たちは、黒と白の制服を着て、主人と直接口をきくこともない。このような使用人の体制は、実をいうと比較的あとの時代になって発展してきたもので、それ以前の古い時代とはまったく違っていた。中世の領主の館の人びとは、騎士から地元の農夫にいたるまで男ばかりで、領主に奉仕はするが、その一方で領主の食卓に一緒について飲食もしていた。プライバシーへの要求が次第に強くなった結果、この体制はくずれていく。18世紀までには、カントリー・ハウスの動力ともいうべき使用人の仕事には、男性も女性もついていた。倉庫、生産、料理、掃除とあらゆる方面をカバーするために、目的の絞られた仕事部屋が、幅広く作られるようになっていた。ルールと規律をきびしく守る使用人の組織というものを、わたしたちはテレビの時代ものドラマで見て親しんでいるが、この体制は、ヴィクトリア時代のカントリー・ハウスでようやく頂点に達したものだ。

キッチン

キッチンはもっとも重要な部屋であり、それを中心として、ほかの使用人の仕事部屋がまわりに置かれている。カントリー・ハウスにおけるキッチンの位置は、絶えることのない火事の危険との戦い、そして調理で発生する匂いをとりのぞくという目的によって決められてきた。キッチンは臭く、うるさく、危険な場所であり、自分の正餐室のすぐ隣にそんなものを置きたいと思う領主は多くはなかった。中世の館の最古のキッチンは、木骨造りか石造りで、部屋の形は四角形が多く、とがった屋根と放熱孔をそなえていた。キッチンは、出火してしまったときホールに延焼する危険を抑えるため、別の建物になっていた。食べ物はここから、屋根のついた道を運び出されて、キッチン通路を通り、主屋に入っていった。そしてホールを抜けて、高座か個室にいる領主に届けられ、そのあと家臣や使用人に出された。

しかしチューダー朝時代になると、キッチンはメインの建物の一部になることも多かった。よくある間取りでは、中庭を取り囲む部屋のひとつになるか、ホールの端からつながる使用人のエリアに置かれた。壁には石灰塗料を使ったしっくい仕上げだったかもしれない。床には石かレンガを敷き、わらやイグサで覆った。大きな暖炉に収めた炉床が、肉をローストするのに使われていた。その近くの壁のなかにアーチ形の扉がついたパン焼きオーブンが埋め込まれていた。木炭ストーブもあって、ソースをとろ火であたためるというようなデリケートな調理をすることができた。湯わかし室が別になっている家もあり、そこには大きな釜があり、シチュー、スープストック、そして肉を火にかけることができた。調理台は置いてあったにしても、それ以外の家具はほとんどなかった。保管しておくような調理器具はさほど多くなかっただろうから。

17世紀には、カントリー・ハウスのなかに、上品な人びとの空間と、それに仕える人びとの空間をへだてる境界線が引かれるようになったために、キッチンはしだいに地下に収められることが多くなって、上の階を使う主人一家や客の目から使用人を隠すようになった。キッチンのなかには、火事の危険を減らすために石造りのアーチ形（ヴォールト）天井をそなえるところもあった。また、開放式レンジには、床から離して持ち上げる鉄製のかご形火格子[1]が初めて使われるようになった。このかご形火格子には、たきぎではなく、その当時だんだんと手に入りやすくなっていた石炭を入れた。時代がすすんだパラディオ様式の館では、キッチンはふたたび移動し、今度は切り離された別館、または張り出した棟に片づけられた。しかし、男性中心の部署、つまり執事や家令《かれい》[2]の部屋と、そして大切なビールとワインの倉庫は、メインの建物の地下にとどまった。この時期にもまだ大きな炉床をそなえているところもあったが、多くのキッチンでは、もっと複雑なロースト用レンジ

図8.3：スタントン・ハーコート・マナー、オックスフォードシャー：ひさしのある通路が残る、数少ない中世のキッチン。通路はホールとパーラーにつながっている。円すい形の屋根のすぐ下には煙を追い出す放熱孔がついている。

1）燃料を入れる部分を火格子と呼び、かご形にすることで火がこぼれ出ることを防ぐ。
2）使用人すべての頂点に立ち、主人の代理人でもある最上級スタッフ。ハウス・スチュワード。

を使うようになった。これは、機械式の焼き串と、左右にはやかんや鍋をセットする場所をそなえていた。壁は青く塗ることがあったが、それはハエよけになると考えられていたためだった。複雑怪奇な道具がところせましと置かれた巨大なキッチンは、今日のカントリー・ハウス訪問の目玉になっているが、たいていの場合は19世紀に作られたものだ。ヴィクトリア時代の初めごろ、領地の村人が工場に働きに出るようになり、カントリー・ハウスではスタッフを保つのが難しくなってきたため、館の女主人たちは、以前よりもキッチンの運営に参加するようになった。こうして、多くの女主人が階下の仕事環境を改善させたり、もっと使いやすく考えられた使用人部屋を、主家の裏か横に、中庭を囲んで建てたりした。キッチンには新しい鋳鉄《ちゅうてつ》製のレンジを入れ、水道工事をして蛇口から水が出るようにし、換気を良くし、時間を節約する数えきれないほどの道具を採用した。そうして使用人の生活を便利で清潔なものにした。

壁には引き続き石灰塗料を塗っていたが、その色は白か黄色になり、シンクやレンジが置いてある部分のうしろの壁や、場合によってはそのほかの部分にも、ある程度の高さまで、うわぐすりをかけた白いタイルを敷きつめてあった。キッチンはたいてい天井が高く、窓は高いところにあるか、あるいは屋根につけてあり、長い棒でそうした窓を開けて換気をおこなった。こ

図8.4：17世紀のキッチン。Ⓐ金属製のまき乗せ台（ファイア・ドッグ）を入れた炉床。Ⓑ串乗せ台。Ⓒ焼き串。Ⓓ焼き串の端にセットした機械式の自動回転車輪。しかしこの時代でも多くの場合は焼き串を回す役はおそらく若い少年がさせられていたのだろう。Ⓔ肉から落ちる脂の受け皿。Ⓕその他の料理は、鉄棒からつり下げた鍋で加熱する。Ⓖ火の上に置かれた予備の焼き串。Ⓗ部屋の角にもうけられたパン焼きオーブン。Ⓘこんろ。Ⓙこんろの下のくぼみに貯蔵された燃料。Ⓚこのすき間から木炭に空気を送る。上の穴には丸い鉄製の格子がセットされ、その上に木炭を乗せる（現代のバーベキューのように）。Ⓛ鍋を火の上に吊るす自在かぎでごく弱い熱による調理ができる。または、穴の上に三脚の五徳（トリヴェット）を置いて鍋を乗せる。Ⓜあらゆる時代のカントリー・ハウスのキッチンで見られ、中心となっているのは、大きな調理台。この上で料理がおこなわれた。

図8.5：ヴィクトリア時代のキッチン。左側の以前は暖炉があったところに密閉式レンジをはめこみ、奥のつきあたりの壁にある開放式レンジも残してある。その手前の焼き串は、スモーク・ジャックによって回転する。キッチンはいわば館を動かす機関室として働いた。ほかの部屋と協力して、美味しくて刺激的な料理に、ありとあらゆる飾りをほどこして、主人一家や客のもとに続々と送り出した。

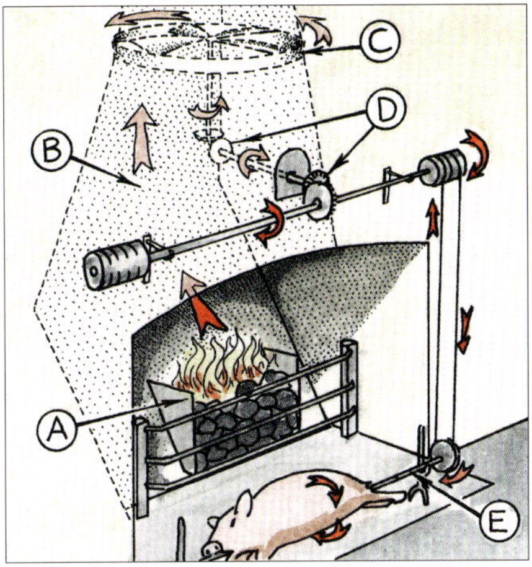

図8.6：直火焼きレンジとスモーク・ジャックの図解。斑点を打った部分は、壁のなかを通る煙道を示す。Ⓐレンジの両端の板を使って、炎のサイズを調節できる。Ⓑ煙道。ここを通って出ていく煙の力でスモーク・ジャックが作動し、レンジの前の焼き串が回るしくみ。Ⓒ煙の力で回転するファン。Ⓓファンとつながった軸と歯車が回る。Ⓔ歯車がレンジの上の水平の軸とその端の滑車を回し、その下の焼き串も回る。

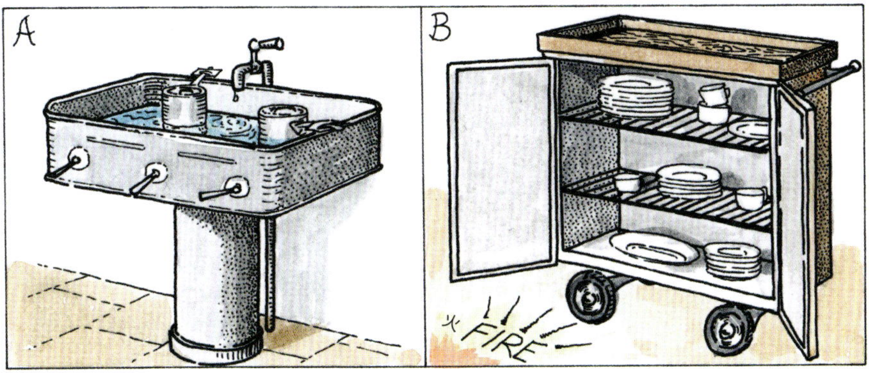

図8.7：Ⓐ湯せん鍋（バンマリー）。浅いシンクを湯で満たし、ソースを調理して保温するもの。シンクに入れた銅鍋の柄にはラベルをつけ、なかに何が入っているかわかるようにしている。Ⓑ保温ワゴン（トローリー）。扉の内側には金属を貼ってあり、車輪を使って火の前に移動させて、なかに入れた食器を温める。と同時に、レンジから出る高熱をさえぎって使用人を守る役割も果たしていた。

のころ、食器棚には大量の調理器具や鍋のセットが保管されるようになっていた。これは台所用品一式（バタリー・ド・キュイジーヌ）として知られ、もとの意味は、銅と真鍮《しんちゅう》の器具で、叩いて（バターして）形を作ったことによる。そのほか数えきれないほどの奇妙な形をしたゼリー型もあった。ヴィクトリア時代の人びとはことのほかゼリーが好きだったからだ。新しい技術もキッチンには入り込み始めていた。たとえばボイラーの蒸気で、圧力鍋に圧力を加えて調理したり、戸棚を保温したりできるようになった。キッチンの真ん中には、たいていモミ材でできた大きな木製の調理台があり、そのまわりの床には使用人たちが上に立つためのすのこ状の木の板も置いてあった。

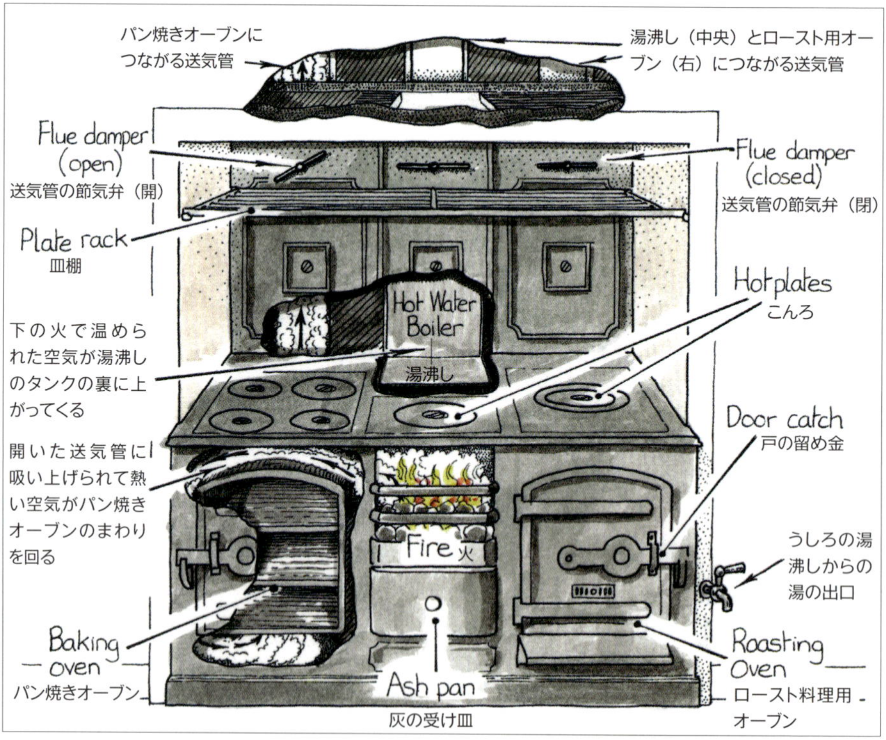

図8.8：19世紀の密閉式レンジ。重要な部分の名前を引き出して示した。密閉式レンジは18世紀末に、以前の調節可能な火床［**図8.6**］の横に焼きがまをつけ、その反対側には湯沸しをつけたところから発展した。ヴィクトリア時代になると、もっと効果の高い密閉式レンジが人気を集める。真ん中に置かれた火の上には鉄板が乗っており、煙突から上へと出ていく熱気を無駄にせず、左右のオーブンに強制的にまわっていくようなしくみになっていた。レンジの上にある丸い加熱部（旧式の料理用こんろにとってかわった）では、やさしい熱でコトコト煮込むか、中央のパーツを取り外してもっと強い熱を加えることもできた。火のうしろには水を熱する湯沸しがついていた。

パン焼き室、菓子パン焼き室、そしてスティルルーム

大きな館になると、各種の調理や下ごしらえのために、別の部屋がもうけられた。たとえばパン焼き室は、パンやケーキ、ビスケットなどを作る部屋だった。理想としては、主家とは別のブロックか、あるいは少なくともできるかぎり離れたところに置きたい部屋で、それは小麦粉のちりが舞い飛ぶことや、料理の匂いが入りこんでくることを防ぎ、そして食材や石炭が配達されてくるのを楽にするためだった。古い時

図8.9：自立型のロースター。レンジの火炎が出ている部分に合わせて前に置き、上の部分についたぜんまいじかけのメカニズムで肉が回転し、うしろの部分のカーブした鉄板に熱を反射させて調理する。

図8.10：19世紀のナイフ磨き器。てっぺんの穴から研磨剤を入れる。それからナイフを溝に差し込んでハンドルを回すと、フェルトのパッドが回転し、なかに入った刃を磨く。

代のオーブンはレンガ造りのハチの巣形[1]で、小さなアーチ形の入り口が開けてあり、きっと適温まで上げるまでにはおそろしく長い時間がかかったことだろう。古いしくみのオーブンは、19世紀になって導入された鋳鉄製のレンジについたオーブンよりも、パン焼きについてはすぐれていることがわかり、多くは20世紀まで使われ続けていた。パン焼き室には床置きの収納箱があり、生地を混ぜるためのこね鉢をそなえた作業台があり、調理器具を洗うためのシンクがあった。ここで使われた道具には、たとえば、パン生地を持ち上げてオーブンに出し入れするピールという木のオールに似た器具などがあった。

もう少し大規模な邸宅には、菓子パン焼き室（ペストリー・ルーム）があった。もともとはミート・パイや焼き菓子（ペストリー）を作るための部

1）先のやや細くなったドーム形［図8.11］。

図8.11：蜂の巣形のオーブンの使い方。まず、まき、石炭、あるいは地域の燃料を詰めて熱くなるまで燃やす。炭や灰を取り出して、それからパンを中に入れて、ドアを密封して焼く。あとの時代のレンガ積みタイプのパン焼きオーブンは、上部がアーチ形になった独特の形のドアが壁に埋め込まれたもので、ふつうは調理レンジの火のそばにもうけられた。

屋だったが、19世紀には甘い菓子全般、食後のデザートやタルトなどを作るためにも使われるようになった。こうした部屋は、たいてい使用人エリアの涼しい北側にあり、オーブンはとなりの部屋に別にして、室温を下げるようにしていた。ペストリー・ルームには棚と、めん棒をかけておくラックなどがあり、ペストリー生地をのばすための作業台の天板は大理石でできていた。そして、粉を入れる容器は作業台の下に置いてあった。

スティルルームは、もともと香水や薬、そして花や香草や香辛料を使った強壮剤（コーディアル・ウォーター）などを作るための部屋だった。中世やチューダー朝時代の世帯においては重要な部屋で、当時は館の女主人が切り回していた。17世紀末までには、地下に置かれるようになり、貴族が目にすることのない部屋になっていた。責任者は家政婦（ハウスキーパー）で、彼女の部屋のとなりに位置していた。磨き剤、ワックス、石けんなどがここで作られた。しかしそうした家庭用品も、蒸留による薬品も、18世紀には作られなくなっていた。19世紀になると、スティルルームの主な役割は、砂糖漬けやピクルスやデザートを作ること、材料を保管することと、軽食を調理することに変わった。

酪農室

酪農室（デイリー）は、使用人の仕事部屋としては、ぜいたくなデザインと飾りがほどこされている場合があるという点で、めずらしい部屋だ。その理由は、19世紀より前までは酪農室には館の女主人がみずからかかわり、混じりけのない生乳からバターやチーズなどを作る仕事を監督していたからだ。しかし18世紀末になると、館の主人が農業にまつわるあらゆることの改良に関心を持ち始め、農業生産に科学の力を取り入れるようになったので、酪農室にもその波がやってきた。このとき、酪農室は白いタイルの壁と大理石の床と棚をそなえるようになり、部屋を冷やすため、中央に噴水を作る場合もあった。生乳を浅い鍋やおけに注ぎ、杓子《しゃくし》（スキマー）で表面に分離したクリームをすくう。すくったものは、ビンで保管するか、おけで攪乳《かくにゅう》してバターやチーズを作る。暖房用のパイプによって、冬のあいだも10～12.8度の室温を維持していた。室内に道具や鍋や皿を洗うためのスペースを作るか、あるいは、となりの部屋に洗い場（スカラリー）をもうけていた。家によって

図8.12：19世紀のコーディアルを作るための蒸留器を図解した。Ⓐ炉。花びらかハーブを混ぜて液体に入れたものを下から熱する。Ⓑ蒸気が上がっていってチューブを通り抜け、らせん管を下っていく。Ⓒたるのなかには冷たい水がいっぱいに入っている。

図8.13：18世紀後半から19世紀にかけて、酪農室のなかにはこの図のように清潔さと美しい内装をかねそなえているものもあった。まんなかの噴水は、水煙を噴き出すことによって部屋の温度を低く保つ力があった。壁にそって作られた低い石造りの台の上に、クリームを分離させるのに使う皿や鍋やおけ、そしてバターかくはん機などが置かれていた。

は、酪農の作業はスカラリーでおこない、本来の酪農室は倉庫にしていた。19世紀のあいだに、この部屋はしだいに倉庫として使われることが増えた。乳製品は家で作るより、商品として外から買うことが多くなったからだ。

醸造室

もうひとつ、カントリー・ハウスでの生産にかかわる大事な部屋は、醸造室だ。安全な水が飲めるようになる前の時代には、食事の時間にビールが出され、朝食時にも飲まれていた。醸造室は大釜を収めるために天井が高くなっており、そこにふつう、換気のために放熱孔がもうけてあるのが特徴だった。部屋の配置は、できるだけ簡単に麦芽とホップを醸造室の押し上げ戸に配達できるように考えられてあり、できたビールは地下へ通じる通路（シュート）で地下貯蔵室（セラー）へと運ばれた。ビールのアルコールの強さについては、使い道によってさまざまに変えたものを作っていた。スモール・ビール、あるいはテーブル・ビールと呼ばれるものは、繰り返し利用した麦芽汁の、三回目の最後の醸造からできたもので、現代人にとってのソフトドリンクのような感覚で飲まれていたと思われる。中くらいの強さのものはエールと呼ばれ、二回目の麦芽汁で作られた。しかしストロング・エールまたはモルト・リカーと呼ばれるものは、多くのモルトを加えた新しい麦芽汁から作られた。この最後の強いものは、たとえば館の後継者が生まれたときなどの特別な機会に作り、瓶に詰め、あとつぎの成人祝賀会の日まで保管しておいた。

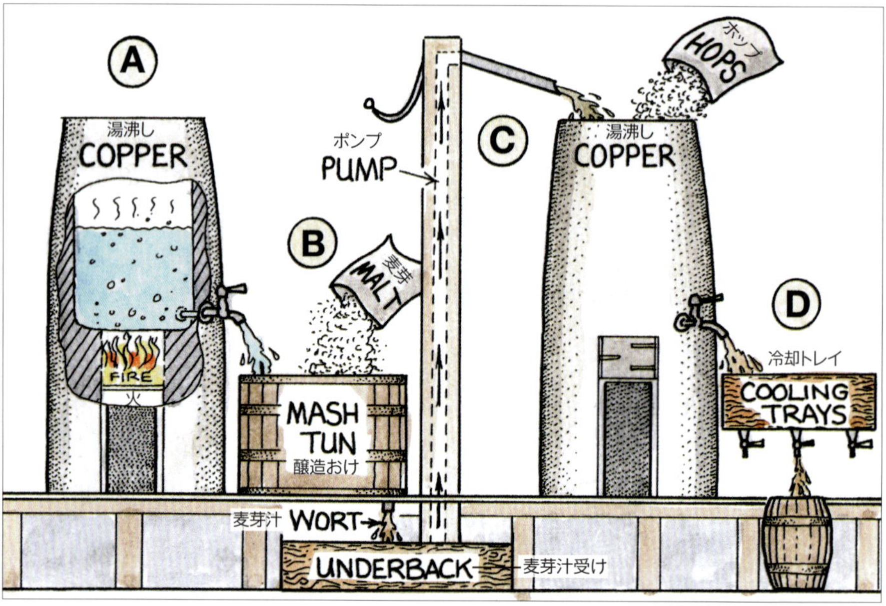

図8.14：基本的な醸造の手順。Ⓐ巨大な湯沸しで、沸騰するより少し低い温度まで水を沸かす。タンクの下で火を焚いて沸かし、残った灰はその下の扉から取り出す。Ⓑ湯を醸造おけに注ぎ、麦芽を加えて麦芽汁（ウワート）を作って、醸造おけの地下の麦芽汁受けに移す。Ⓒ麦芽汁をポンプで吸い上げ、最初の湯沸しに戻すか、またはこの例のように別の湯沸しに移す。沸騰させ、ホップを加える。Ⓓできあがった混合液を、冷却トレイに移し、それから保存のためのビア樽に入れる。

洗い場（スカラリー）

洗い場（スカラリー）という言葉は、ラテン語のスクテラ、「盆または皿」という言葉に由来する。大皿や小皿を洗う場所だ。カントリー・ハウスでは、その使い道は幅広く、野菜の皮をむいたり刻んだり洗ったり、ローストする肉の下ごしらえをしたり、魚のはらわたを抜いたりといった汚れ仕事の多くがこの場所でおこなわれたので、キッチンの隣に位置しているのがふつうだった。光がよく入って食器や調理用具を洗う手元がよく見えるように、シンクは窓際に置くのが好まれた。昔のシンクは石材を切り出したものか、木でできていて内側に鉛を貼ってあった。19世紀には、陶器や磁器のシンクの横に木製の水切り板を置き、上に皿棚をもうけることが多くなった。セントラル・ヒーティングのシステムで熱湯が使えるようになる前の時代には、専用の湯沸し釜か、または湯沸かしつきのレンジが必須で、後者は調理のためにも便利だった。また、かつての洗い場には冷水をくみ上げるポンプもあった。その後、塔の中に貯水タンクを収めることによって、重力による水圧でシンクの上に突き出した蛇口から水を出すことができるようになった。

バタリーとパントリー

「バタリー」という言葉はフランス語からきており、「大酒だる（バット）」「びん（ボトル）」と同じ起源をもつ。ビールの大だる（カスク）やその他の飲み物を保管し、出す部屋だ。長期間の貯蔵をするときは、ふつうは地下貯蔵室か独立した建物を使った。「パントリー」という言葉はラテン語でパンを意味する「パーニス」からきており、もともとは穀類とパンを保管する部屋だった。これらの部屋は中世の時代には、ふつうホールの使用人側の端につながるよう置かれ、パンや飲み物といった食事の主要な部分を楽に出せるようにしてあった。パントリーの責任を持つのはパントラー、バタリーの責任者はバトラーだった。バトラーという名前は残ったけれど、バタリーそのものは消えていき、部屋の役割は執事の食器室（バトラーズ・パントリー）に引き継がれた。この部屋を、食品保管室（パントリー）と取り違えてはいけない。食品保管室としてのパントリーは新しい時代の家にも見られるが、こちらの部屋の使い道は、乳製品やある種の調理済みの料理、パンなどをしまう倉庫で、ヴィクトリア時代の邸宅では、「非生鮮食品貯蔵室（ドライ・ラーダー）」と呼ばれることも多かった。

生鮮食品貯蔵室と地下貯蔵室

生鮮食品貯蔵室（ラーダー）は、ラテン語のラールドゥムに起源を持ち、その意味は「ベーコン」だった。この部屋はもともと外の建物で、生の肉を塩漬けにして保存しておくところだった。19世紀までには、それぞれ別の目的のための数多くのラーダーが作られるようになった。たとえばウェット・ラーダーは生の肉の下ごしらえと保管をおこなうところだった。もし動物の死骸がまるごと持ち込まれるのであれば、食肉処理室（ブッチャリー）と呼ばれることになった。ドライ・ラーダーは、パントリーと同じような使い方。魚貯蔵室（フィッシュ・ラーダー）やベーコン貯蔵室（ラーダー）は名が体を表しているというものだろう。猟鳥獣肉貯蔵室（ゲーム・ラーダー）には、独立した円形や八角形の建物が多く、鹿や鳥を吊るしていたが、19世紀末までには、銃猟の会で一度に何千羽もの鳥を撃ち落と

図8.15：洗い場の角にある湯沸し釜。石かレンガでできた外枠のなかに、丸い水槽をはめこみ、湯を沸かす。

すことが可能になったので、もっと大きな部屋が必要となり、一部には原始的な冷凍保存設備をそなえているものも出てきた。生鮮食品保存室は涼しくなければならないため、建物の北側に置かれることが多かった。そうでない場合でも、屋根のひさしが張り出していたり、外壁が植物の陰に入っていたり、あるいはもっとも暑い時期には、濡れた布を屋根の上にかぶせたりしていた。窓は、一部か全体を金網で覆い、通気をよくしつつ虫をよけていた。壁には水性石灰塗料（ホワイトウォッシュ）を塗るかタイルを貼り、それに沿って、スレートか、レンガか、大理石の棚を作ってあった。天井のフックから肉を吊るし、魚や冷たい料理は、おそらくは冷蔵箱（アイスボックス）を使って保存していたかもしれない。地下貯蔵室もまた、ビールやワインなどを長期間貯蔵するために使われた。その後、大量の石炭が必要になったため、地下には石炭の貯蔵庫も作られた。

図8.16：古い木製の八角形の猟鳥獣貯蔵室。カントリー・ハウスの使用人エリアのすぐ裏手、木の陰に建てられていた。

使用人の部屋

館の主人がスタッフと距離を置きたがるようになり、スタッフはしだいに庶民や下層出身の、お金で雇われた身分の人びとになっていったので、別個に使用人ホールがもうけられるようになった。これによってスタッフは使用人エリアで自分たちだけで食事をとることが可能になり、領主とその客の目に入るようなことも、大理石や石造りの美しいエントランス・ホールに使用人がごった返すようなこともなくなった。この使用人ホールはコモン・ホールと呼ばれることもあった。長いテーブルと、家によってはあちこちへ場所を動かすことのできる車輪のついた小さなビアだるが置かれ、飲み物を注げるようになっていた。上級使用人も下級のスタッフと食事をともにはしたが、ふつう、上級のメンバーが個室にひきとっていく習慣もあった。執事の食器室は、たいてい主家のなかにあり、給仕の指揮をとれるように正餐室に近く、と同時に地下酒類貯蔵室にも正面玄関にも行きやすい場所に置かれていることが多かった。執事の食器室のなかには、日常に使う飲み物の容器、食器、ナイフやフォーク、グラスなどが置かれ、さらにはこれらを洗う手入れ道具もあり、そしておそらくは、レンガ造りの金庫もあって、もっと貴重な品物を保管していたのだろう。この部屋は執事の事務室であり、居間でもあった。そのため、机、椅子、洗面器、暖炉とベッドまでひしめき合っており、しかも部屋のサイズは3.7メートル四方しかないということも珍しくなかったのだ！

カントリー・ハウスで女性たちが重要な職につきはじめたのは、ようやく17世紀後半になったころのことで、まず現れたのは家政婦（ハウスキーパー）だった。家政婦の部屋はふつう、使用人の仕事部屋の近く、スティルルームに直接つながる場所に置かれ、スタッフの仕事ぶりに目を光らせることができるようになっていた。ここには大量の食器が棚にしまわれ、時代がすす

図8.17：冷蔵庫がまだない時代、魚貯蔵室で活躍していたアイテムは冷蔵箱（アイス・ボックス）だった。これは魚や冷たい料理を保存するのに使われた。領地内の氷室（アイス・ハウス）から運ばれた氷を、左側の仕切りに入れ、鉛を貼った内側を冷やす。

図8.18：使用人ベルの列。執事の食器室の近くの壁にかかっていて、どの部屋で使用人が必要とされているかを知らせた。ベルは管のなかを通るワイヤーで、それぞれの部屋につながっていた。前の時代には、使用人たちは座って待機していなければならず、ハンドベルで呼び出されていた。

図8.19：浅い石造りのシンクと水くみポンプ。ほかにも洗濯室で使われていたさまざまな種類の道具が置かれている。

むと、この棚にはガラスの扉がつくようになった。あるいは、別の部屋として陶磁器保管室が近くにあったかもしれない。また、テーブルクロスやナプキンの洗濯と修繕にも家政婦は責任を持っていた。この家政婦の部屋も、やはり事務室と居間を兼ねていたので、執事の食器室と同じような品々がそなえつけられていた。多くの館に、領地の経営に責任を持つ家令（スチュワード）がおり、専用の部屋を与えられていた。また一方で、料理人が家政婦の部屋を事務仕事のために使うこともあった。

洗濯室（ランドリー）

洗濯室（ランドリー、またはウォッシュルーム）は、初めのころは服を煮洗いする大きな湯沸し釜と、水をくむポンプをそなえており、ぬれた洗濯ものは、ただ植え込みや芝生に広げて干すだけということも多かった。時代がすすむと、カントリー・ハウスの洗濯室では二つの部屋をそなえることも多くなっていった。ウェット・ランドリーには洗濯をおこなうため、熱湯を作る湯沸しがあり、天井には通気口があって蒸気を追い出すようになっていた。そしてドライ・ランドリーでは、洗ったものを干し、アイロンをかけ、たたむ作業がおこなわれた。ここには、天井から物干し木枠が吊り下げられ、アイロンを熱することのできるレンジまたはストーブがあり、大きな作業台は、使うときには敷き布で覆っていた。部屋の真ん中を大きな箱形絞り機（ボックス・マングル）が占めていることも多かった。これは大きな、平台形のしわ伸ばし機で、上の台には石をいっぱいに入れ、下の台に半乾きの洗濯物を置いて、重さでプレスすることでしわをのばした。

第9章

庭園と領地
The Gardens and Estate

テラス、大庭園、そして門楼

図9.1：ランベス・パレス、ロンドン：中世とチューダー朝時代のカントリー・ハウスにおいて、門楼《もんろう》（ゲートハウス）はメイン・ホールに次いで重要な建物だった。当時の門楼は、主人の権力と財力を示す存在であっただけでなく、家臣のなかでもっとも位の高い者がその上の階に住んでいた。いまとなっては主家のまわりにある建物のひとつにしかすぎないが、かつては庭園と領地のなかの欠くことのできない部分だった。

庭園

中世の城やカントリー・ハウスでは、敷地内部で庭造りがおこなわれていたという証拠がある。ハーブや花を育てたり、ゲームをしたりリラックスしたりするための小さなスペースの場合もあれば、もっと大きなスケールのものもあっただろう。16世紀から17世紀初頭にかけて、カントリー・ハウスは内向きな防御のための建物から、外向きに富を自慢するための建物に変わっていったので、庭園は重要なデザインの一部分になった。そこは、ゲームをしたり、芝生の上で演劇や仮面劇を演じたり、思いにふけりながら花壇や木陰のあいまをそぞろ歩いたりする、いこいの場となった。ノット・ガーデンが人気を集めていたが、これは背の低い箱形の生け垣で幾何学模様を作るもので、デザインにエリザベス朝の人びとの愛した秘密の暗号文字を仕込んである場合もあった。日時計や、鮮やかな色で塗られた彫刻を置き、歩道に段差をつけて高くしたり、大きな丘を作って全体図を眺められるようにするというのも好まれた。草に覆われた盛り土（マウンド）が庭園の端にそっていまでも残っている場合があるので探してみるといい。迷路（メイズ）もよく作られたが、この時代には、上から形を見おろすことができるように低い垣根でできていた。高い生け垣で作られた迷路は、正確には迷路園（ラビリンス）と呼び、もっとあとの時代に発展していったものだ。

王政復古の時期、王党派が帰ってくるときに、フランスから庭造りに関する新しいアイディアが持ち込まれた。花や色のついた砂利を入れた、四角く背の低い生け垣は、パルテールと呼ばれた。これはフランス語で「地上」を指す言葉だ。このパルテールは、前の時代のノット・ガーデンよりもさらに広い範囲に館から広がっていた。手すりをそなえたテラスと、流れ落ちる滝や噴水のある長い四角形の池、そして幾何学的な形に切りそろえたトピアリーなどが目立つ特徴だ。1688年にウィリアム三世とメアリー二世が王位についたことにより、オランダ式の庭園が流行となった[1]。オランダ式庭園は一般に、フランスの同時代の庭よりは小さいが、細かい部分は手が込んでおり、鉢に植えた木や、鉛製の像などが特徴で、特にチューリップを熱狂的に愛していた！　葉を鑑賞するためだけに低木が植えられ、これは緑樹（グリーンズ）と呼ばれた。冬の間、緑樹はこの時代にはありがちな建物であった温室（グリーンハウス）に運び込まれた。温室の上には庭師の住む部屋があることも多かった。当時、植物が育つために光が必要だとは考えられていなかったのだ。

そして庭園は、領地のなかへ広がり始めていた。背を高く刈りそろえた生け垣を、幾何学模

図9.2：エリザベス朝のカントリー・ハウスの背後の様子。手前にはノット・ガーデンがあり、奥には迷路がある。奥の左手にバンケティング・ハウス **[P.79]** が見え、右側には小山があって、全体図を鑑賞できるようになっている。

図9.3：ポウイス・カースル、ポウイス：手すりと彫刻がそなわったテラスから17世紀末の庭園を眺めたところ。いまは飾りのない右手の芝生には、もとはパルテールや、幾何学的な形の池、噴水、彫像、滝があった。この滝は、右のずっと遠くにある、現在では密集して生えた木に覆われたウィルダネスから流れ込んできていた。

1）ウィリアムはオランダで生まれ育ち、同地の総督から、のちに英国王を兼ねることになった。

様に配置したものをウィルダネスと呼び、そのなかを散策できるような長さがあった。現在でも、庭にウィルダネスと呼ばれるエリアはあるが、今日では原野（ウィルダネス）という言葉の意味にふさわしく、もっと自然のまま手を入れず、木を生い茂らせた場所を指している。

18世紀のあいだに、風景式庭園が発展した。古代ギリシャ・ローマの風景を描いた17世紀の絵画に影響を受けたもので、そうした絵には大きく広がる芝生、湖、荒れ果てた城、塔や神殿などが描かれていた。このようなイメージをイングランドの田園地方に持ち込んだ庭園デザイナーは、だんだんと専門家になっていったが、なかでも一番有名なのは、ランスロット・「ケイパビリティ」・ブラウンだった。彼のニックネームは、注文主に対して、あなたの庭には「可能性（ケイパビリティ）」がある、と語るくせからついたものだった。広大な私用の大庭園を作るために、領主は村ごと立ち退かせたり、農地を移動させたりもした。村人が追い出され、館から目に入らない場所の新しい村に住まわされたということもあっただろうが、この時期に新しくできた大小の工場で働くため、ただ単に村から町へ移ったという人も多かった。彼らの去った土地は、ゆるやかにアップダウンする大庭園に作り変えられた。木立のかたまりや大きな蛇形の湖が広がっている。このように蛇のように長くカーブしている湖のことを、サーペンタイン・

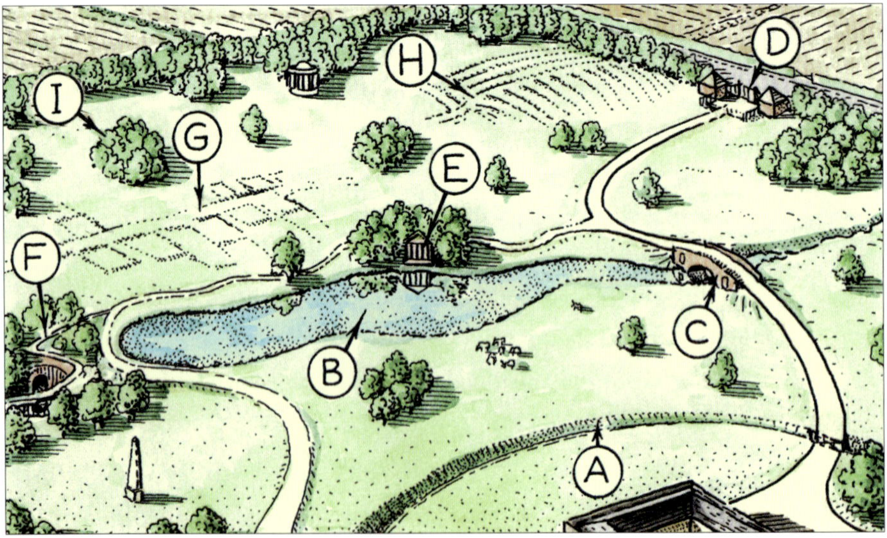

図9.4：18世紀の風景式庭園を空から見た図。現在でも見ることのできる特徴にアルファベットを振った。Ⓐ隠れ垣（ハー・ハー）が右下の端に見える館を囲む。Ⓑ蛇形の湖。館から半分ほどの距離にある。地元の小川をせき止めてできている。Ⓒ小川にかかる古典様式の橋には、主要な馬車道が通っている。Ⓓ門番小屋（ゲート・ロッジ）。橋と同じく来客が馬車で通るポイント。主要な道はここから始まる。Ⓔ神殿を模した建物。さまざまな建物が馬車道を通過する来客の目をひきつける。この神殿から湖を見おろすことも可能。Ⓕダムから流れ落ちる滝の周辺に築かれた岩屋（グロットー）。馬車道から降りて散策することもできる。Ⓖ古い村のあと。Ⓗうね（リッジ・アンド・ファローと呼ぶ。波形に凹凸をつける古い時代の耕作法）のあと。庭園を作るときに村と農地が移動されたということを、開けた草地に残るでっぱりの形でいまも確認できる。Ⓘかつての村や農地の境界には、年を経た木が、何本かかたまって、あるいは独立して生えている。

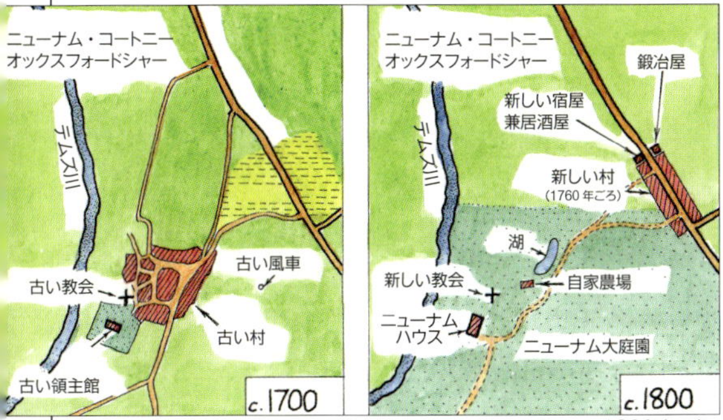

1700年ごろ　　1800 年ごろ

図9.5：ニューナム・コートニーの地図、南オックスフォード。村の場所を赤色で示している。1700年ごろには領主館の隣にあったが、１世紀後には、有料幹線道路沿いに新しい集落が建てられ、新しいニューナム・ハウスとそれに付属する風景式庭園に場所をゆずっている。

レイクという。外側の境界は厚い木の帯で仕切られた。このように大きな変化があったにもかかわらず、もとは家屋があったことを示す、かすかな盛り土や溝のあとは、多くの大庭園にいまでも見ることができる。

17世紀の整形式庭園は、決まった場所まで徒歩で行って眺めることをねらって作られており、まっすぐな遊歩道が遠くまで視線を導いていた。しかし風景式庭園の場合は、馬車でやって来た客が鑑賞するために作られていた。木立や目をひくフォリー［P.105］が配置されることにより、次々にこうしたものが遠くに見えてきて、曲がりくねった道を馬車で行く客たちが眺める景色がゆっくりと変わっていくことになった。18世紀の後半に、自然の価値と、絵になる景色（ピクチャレスク）が愛好されるようになっていくと、庭の飾りとして、廃墟や岩屋（グロット）、貝殻を貼り付けた洞窟、樹皮で覆った木製の家具や建物などが人気を集めた。大庭園はまた、正面玄関の前に置かれるようになった。しかしそのために、鹿や家畜が主家まで寄って来てしまうことにもなった。そこで隠れ垣（ハー・ハー）と呼ばれる設備が作り出された。片側は直角、もう片側は坂になっている溝のことで、動物たちをあまり近くまで寄せ付けないようにするものだった。

19世紀の初頭には、貴族たちは単調に広がるばかりの緑に飽き飽きしていた。ヘンリー・レプトンのような新しい世代のデザイナーたちは、整形式の花壇や砂利道、館をとりかこむテラスなど過去の手法をふたたび取り入れた。また、前よりも厚みがあり、種類もいろいろな木立のブロックを庭園に配置するようになった。これらの全体図はかつての時代の風景式庭園よりも

図9.6：隠れ垣（ハー・ハー）の断面図。Ⓐ持ち主が家の中から外を見たときの景色。隠れ垣のおかげで溝はほとんど見えなくなり、大庭園の眺めを邪魔されることはない。Ⓑ鹿が館を見るとこうなる。壁にさえぎられて館に近づくことができない。

小さくなったので、注文主たちは、大きな庭園を持っているかのように見せかけるため、目をひく鑑賞物を遠くの高い場所に立てるようにした。このとき作られた遠くの塔や先のとがった碑《ひ》（オベリスク）などが現在も残っていることは多く、館から眺めることをねらって、何マイルも離れた場所に建てられている。

ヴィクトリア時代の庭は、過去の歴史や、外国の文化など、さまざまなものからインスピレーションを受けていたが、多くの場合、区画ごとに仕切られていた。整形式の植え込み、噴水、遠い島々の風景、あるいは森などにそれぞれ専用の場所を作った。デザインの組み立て方よりも、区切りのなかに置く内容が重視された。たとえば草木を並べるときには、ひとつひとつの植物が最高によく見えるということが優先で、全体としてのデザインの魅力は二の次にされた。世界中から届いたさまざまな樹木は、いまや最新のガラスの温室で育てることができるようになり、そこから別の場所へ移植されていった。特に針葉樹とロドデンドロンが、カントリー・ハウスをとりまくはっきりと濃い色の柵を作り上げていた。高い木と低い木をいくつか植えて植物園を作ることもあった。針葉樹だけを集めてある場合は、松樹園（パイニータム）と呼ばれた。岩石庭園（ロック・ガーデン）や野生園（ワイルド・ガーデン）、低木園（シュラブリー）、シダ園（ファーナリー）も、19世紀の終わりにかけて流行した。

20世紀になると、たいていの主人にとって大人数の庭師をやとい続けることは金がかかりすぎるということになってきた。庭園の土地は手つかずで放置され、育ちすぎたロドデンドロンにすっかり覆われてしまうか、あるいは農地や宅地として売りに出された。こうした流れの結果、近代的な住宅の建つ土地に、年経た木や庭園の飾りがちらほらと顔を出すことがある。現在まで生きのびてきたこのような古い庭園のうち、いくつかはもとの形に復元するか、あるいはこうだったかもしれないという推測に、できるだけ近づけるよう再現されている。

図9.7：ビダルフ・グレインジ、スタッフォードシャー：ヴィクトリア時代の庭園が修復されている。異なるテーマを持った区画に分けて配置され、曲がりくねった小道やトンネルでつながる。それぞれの区画は、外国の木、むき出しの岩場、世界の各地からインスピレーションを得た建物などで特徴がつけられている。

オレンジ温室と温室

17世紀末に、オレンジの木を鉢植えで育てることが流行した。冬の間この木を守るために、オレンジ温室（オランジェリー）が建てられたが、この建物には、夏の間は鉢を外に出してパーティー会場として使えるという利点もあった。この時代の初期型のオレンジ温室は、テラスのなかに組み込まれ、ただ窓の列だけが正面に並んでいるというものだった。時代がすすむと、オレンジ温室はテラスの壁から離されるか、独立したひとつの建物として作られるようになった。レンガや石で建てることが多く、屋根はかわら張りで、南向きに窓が並び、この窓はアーチのついた通路（ロッジア）から続いていた。とはいえ、のちにこのオレンジ温室が異国の植物を一年を通じて保管する場所になると、ガラスの屋根が差し込まれることもあった。

温室（コンサバトリー）は、19世紀の庭園に目立つ特徴となっている。この温室は主家につなげて建てられ、大きな金属製の枠組みは鋳物のアーチで飾りたててあることも多く、広々としたガラスの空間に、大英帝国の植民地すみずみから集めた植物を収めていた。熱湯であたためるシステムで、ここに使う湯は反対側の壁にもうけられた暖炉と煙突で沸かしていた。このシステムはメンテナンスにとても手がかかるので、多くの温室が、20世紀になると打ち捨てられるか、撤去されることになった。

フォリー、記念碑、そして岩屋

いつの時代の庭園にも、そこに入って社交を繰り広げたり、思いにふけったり、まわりに咲く花を観賞したりするための何かが作られていた。16世紀から17世紀には、食事のあと参加者たちがひきとってきて甘いものを楽しむバンケティング・ハウスがあった **[図7.5]**。そしてガゼボやあずまや（サマー・ハウス）から、客たちは主人が巧妙にデザインした庭園を鑑賞し、その隠れた意味を語り合うことができた。しかし18世紀になると、奇妙で、記念碑のように大きく、異国風の、フォリーと呼ばれる建造物が、風景式庭園の一部として作られるようになった。とはいえ、「愚行（フォリー）」という名前が示すほどには、役立たずのものではなかった。フォリーは目を楽しませる呼び物としてはたらき、ガーデン・パーティーや音楽会や社交の催しの会場として使われた。

図9.8：タットン・パーク、チェシャー： 1818年にデザインされた温室。しかし、次の時代に出てきたものとは違って、この温室は石材とガラスで建てられていながら独立しており、現在も異国の緑の植物を収めるのに使われている。

主家はきびしいルールや流行を考えながら建てなければならなかったが、庭園の建物に関しては、建築家たちはもっと自由な発想をすることができた。クロード・ロランなどの絵に出てくる丸い塔をまねして作ることもあった。クロード・ロランはそもそもの最初に風景式庭園というものにインスピレーションを与えた画家だ。そのほかには、古代ローマや、のちにはギリシャの、神殿、凱旋門、円形建物（ロトンダ）などが手本として使われた。これらはつまり、古代世界のかけらを、ヨーロッパ大陸旅行（グランド・ツアー）帰りの主人のために再現したものだ。ゴシック様式の建築は、1700年代半ばにカント

図9.9：さまざまなフォリー。（左上から時計回りに）古典様式の神殿、エジプト風の建物、中国風の塔、ジョージ王朝ゴシック様式の建物（ほんものの中世の建物とはまったく似ていない）。このような異国風の様式は、主家に取り入れるのはやりすぎだと思われていたが、庭の建物になら心おきなく使うことができた。最上級のフォリーが、もとの場所にいくつも残っている場所は、おそらくバッキンガムシャーのストウ・ランドスケープ・ガーデンだろう。

リー・ハウスの大庭園に現れたが、その数世代後には主家の建物にふさわしい様式とみなされるようになっていた。自然、そしてあらゆる面での英国らしい（ブリティッシュな）ものが18世紀に愛好されるようになると、にせものの城や、廃墟のような構造物や、つくりものの先史時代のストーン・サークルが建てられるようになった。そのほかにインスピレーションの源として使われたのはエキゾチックな極東で、中国風の塔（パゴダ）や橋がとりわけ人気を集めた。彫刻や記念碑も庭園のデザイン計画に組み込まれ、みごとな石の小尖塔（ピナクル）がお気に入りのペットをしのぶために建てられているのを見かけることもめずらしくない。19世紀には、区画ごとに分けた庭園建築を、歴史上の過去の時代や遠い国などをまねて作ることで、それぞれの庭園にはっきりと個性の違うテーマを持たせていた。

湖、噴水、そして橋

中世後期の領主館を取り囲む堀は、おそらく見せるためのものでもあり、また魚の養殖池としても使っていたのだろう。淡水魚は欠かせない食糧だった。水際で敵軍を止めるために作られたものはほとんどなかった。17世紀のもっともすぐれた庭園の特徴は、長く四角い池で、これは運河（カナル）と呼ばれることが多かった。なかには複雑な給水方法で噴水に水を送り、遠く離れた終わりの端は流れ落ちる滝になっているというものもあった。18世紀には、巨大な湖が作られ、風景式庭園の一部になっていた。この湖は、ふつう、ダムを作ってもとから流れていた小川をせき止め、谷底に流れをあふれさせることによって作られた。主要な道を館までつなぐために、飾りをほどこした橋が建てられた。これらの橋は、トップクラスの建築家がデザインすることが多く、古典様式にのっとった美しい比率のバランスで作られていた。上の部分が半円または浅い円になったアーチや、手すりや壁龕《へきがん》[P.78]があり、そして全体像にちょうど合うように注意深く位置を決めてあった。

領地

領地は、あらゆるカントリー・ハウスが建てられる基礎となるものだ。持ち主の収入源になるだけでなく、館に食べものや資材、労働力をもたらしてくれる。それにより、20世紀になってさえ、領地は自給自足に近い状態が続いていた。こうした領地は、ノルマン征服のさいに土地の所有権が全土で再編されたときにできたものである可能性が高いが、しかし一部の領地には、もっと古い時代にすでに境界線が引かれていたものもある。中世の封建時代には、領地の

図9.10：ストウ・ランドスケープ・ガーデンズ、バッキンガムシャー：古典様式の石造りの橋は、風景式庭園の特徴を示すもので、ふつうの土木技術者ではなく、名だたる建築家がデザインを手がけることも多かった。このストウのようなパラディオ様式の橋は、18世紀半ばに人気のあった形だ。

図9.11：ウィトリー・コート、ウスターシャー：大きく水が噴き出すようなデザインの噴水を作ることは可能だったかもしれないが、現代に復元したこの写真ほど高く噴き出すものはなかっただろう。ほとんどの噴水は重力を利用しており、噴水より高い位置にあるタンクかあるいは湖から、パイプで水を通し、小さな放水口から出すことで、噴き出す力を集中させた。

ほとんどは荘園として、領主が治めていた。もしくは、領主が別の場所に住んでいるときは、その土地を領かる家臣が運営にたずさわった。領地には領主の直営地が含まれた。ここでとれた作物は、領主の食卓だけに出された。村人たちは直営地に家族の誰かをやって働かせなければならなかったし、また、自分たちの保有する土地でできた作物も、領主に一定の量を差し出す必要があった。あまった土地は村人が使ってよかったが、どのように農業をするかという決定は領主館で決めた。領主館は、地方裁判所としての役割をはたしていたことに加えて、教会と深いつながりを持っていたので、コミュニティの中心となっていた。

14世紀の飢饉とそれにつづく黒死病の流行は、こうした社会のシステムを壊す働きをした。自分の土地を耕す農民を見つけられなくなったので、領主館の主人は、新しく成り上がった個人に、借地料と引き換えに土地を貸した。こう

して、封建時代の自由のなかった農民は少しずつ借地農に変わり、荘園領主は地主に変わっていった。領主館では引き続き自身の土地でとれたものを食べていた。しかし15世紀から19世紀までに囲い込み運動がすすんだことで、領地の眺めは作り変えられ、自家農場をもうけて食物を生産するようになった。領地で働く人びとが住む村は、ジョージ王朝時代からヴィクトリア時代のあいだに、移動されたり建て替えられたりすることもよくあった。館に近づく道は、壮大な館の一部として景観をよくしたいというのが主な理由であり、また主人がそこに住む者たちをきびしく管理するためでもあった。

厩舎と馬車倉庫

あらゆるカントリー・ハウスは、近くに厩舎《きゅうしゃ》をそなえているのが常だった。厩舎には乗用馬や馬車用の馬、作業用の馬、その仔馬たちを収容した。ほとんどの場合は17世紀から19世紀に建てられたもので、ふつうは大きなアーチの出入り口をそなえており、その上にはクーポラ[図3.15、P.124]と時計がついている。アーチをくぐると中庭があり、厩舎、馬車倉庫、蹄鉄工や建具工の作業場、そして馬具収納室などがあった。馬具収納室には革の温度を高く保つ暖炉があり、干し草をたくわえる屋根裏（ロフト）へ行けるようになっていた。馬車は17世紀末までにあらゆる階層の地主たちのあいだで人気を集めていた。ほとんどの場合は２台を所有し、１台は日常用、そしてもう１台はぜいたくな目的のために使った。

狩りと競馬

狩り（ハンティング）は中世の領主たちが好んだ遊びで、多くの領主は館のそばに鹿園を作って動物を飼っていた。この鹿園は、およそ200エーカー（0.8平方キロメートル）の円形の囲い地で、溝と土手で囲み、土手のてっぺんには柵をぐるりと立てて狩りのとき鹿が逃げないようにしていた。この形の狩りは17世紀に人気がおとろえたので、古い鹿園は農地に転用されることが多かった。しかし、独特の円形のあとを、いまでも地図で確認することができる。

18世紀までには狐が獲物として選ばれるようになった。狐狩りには領地のあらゆる住人が駆り出された。まず猟犬の群れを指揮するマスターにはふつう領主自身がなる。猟犬係（ハンツマン）は犬たちと狩りの使用人たちの世話をし、催しのまとめ役となる。銃の技術が進歩したことにより、17世紀末から銃猟（シューティング）が鷹狩（ホーキング）にとってかわった。そして19世紀には、銃猟が貴族お気に入りのスポーツとなった。

こうした活動による何らかのあとが領地には残っている。たとえば、猟犬のための犬舎は、ふつうは領地の農場のひとつにもうけてあるし、隠れ場（カバート）という名がつけられた、木の

図9.12：ダナム・マッシー、チェシャー：特徴的な白いクーポラがついた厩舎区画。馬車倉庫として使われていた。1720年代の建物で、もとは醸造室、パン焼き室、そして馬車馬をおさめるための大きなスペースをそなえていた。乗馬用の馬、作業用の馬車馬、そして乳牛は別の区画で飼っていた。

茂る細長い土地もよく見られる。隠れ場は、狩り（ハント）の獲物の狐や、銃猟（シュート）で獲物となる鳥を、スタート前に保護しておく場所だった。そのほかに18世紀に人気のあった娯楽は競馬だ。領地マップを見ると円形やだ円形の走路が描かれていることがあるかもしれない。

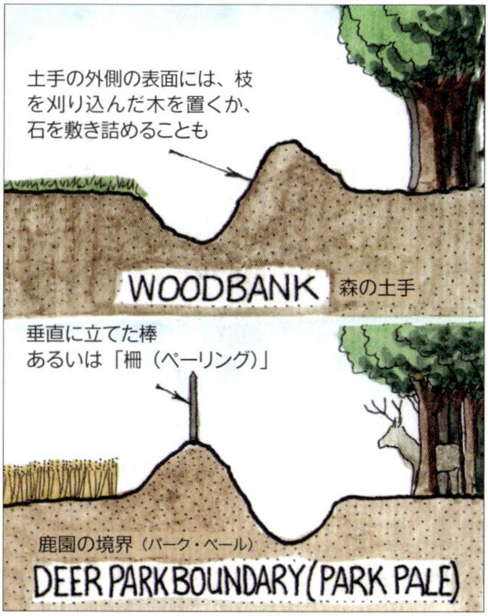

図9.13：鹿園を取り囲む古い土手は、今でもたまに見つけることができる。**［上］**家畜を森に入れないようにするための土手。鹿用のものと異なり、盛り土は森側にされている。**［下］**鹿を森のなかに囲い込むための土手。森の外側が盛り上がっている。これらの土手は、現在ではかなり低くなっている。

自家農場

18世紀から、貴族たちのあいだで農業の改善に取り組むことが流行となり、当時最新の技術を使った農業用の建物が爆発的に増えた。19世紀のなかばには、領地の自家農場は、田舎ふうの納屋の集まりというよりは、効率的な生産工場のようになっていた。自家農場は、中庭のまわりを囲むように作るのが望ましく、建物はレンガか石で作り、ごく初期の農作機械をそなえていた。この機械は最初は馬の力で動かしていた。農場のそばに、多角形の建物を探してみるといい。これは動物を歩かせる場所として使われていたあとだ。ほかに水車や風車などがあり、のちには蒸気機関も使われ、今日でも煙突が残っている。このような実験農場のそのほかの建物はというと、おそらく牛舎、厩舎、倉庫、鶏小屋、荷馬車倉庫、そして場合によっては酪農室もあった。醸造室とパン焼き室も、使用人区画でなくこちらに置く場合もあった。二つの部屋は隣り合わせに置かれることが多かった。熟練の技術を持つ同じ男性スタッフが醸造とパン焼きに必要だったからだ。農場の建物の外には、農場管理人（ベイリフ）、土地管理人（スチュワード）、あるいは管理者（マネージャー）の家が建っていて、農場労働者の出入りに目を光らせていた。

鳩舎

もうひとつ、とりわけ冬のあいだに館で出す料理のメニューに変化をつけるために、領地に必須の設備といえば鳩舎だった。円形または四角形の建物で、とがった屋根を持ち、破風に口が開いていて、鳥が出入りできるようになっていた。内部にはハトが巣を作るためのくぼみがあり、使用人が近づくためのはしごが置かれていた。なお、鳩舎にいたのはイエバト（ピジョン）で、野生のハト（ダブ）は巣に戻ってこないため飼われてはいなかった。古い鳩舎はいくつか残っているが、現在でも見ることのできるもののほとんどは17世紀から19世紀に建てられたものだ。

養魚池と養兎場

領主の食卓にのぼる魚を育てるための池は、中世の館には欠かせなかった。ふつう、三角形に近い形の池を、段を作るように並べて作った。ほとんどの養魚池は、のちに海水魚が簡単に手に入る時代になると、そのまま放っておかれるか、埋め立てられた。しかし、一部には庭園のデザインに組み込まれて残っているものもあり、特徴的な池の形で見分けることができる。または、池が干上がったあとが地面のへこみとして残っていることもある。中世の領地では、淡水魚とはまた別のごちそうも養殖していた。ウサギはノルマン人の征服とともに持ち込まれ、養兎場（ウォーレン）と呼ばれる専用の低い土手のなかで育てられた。

教会

カントリー・ハウスの近くには、ほとんどの場合は教会がある。もしこの教会が中世に建てられたものなら、その領地にはとても重要な館が建っている可能性が高く、場合によっては千年以上の歴史があるかもしれない。サクソン人やノルマン人の貴族たちにとって、社会的地位を高めるステータスシンボルとして、自分のホールのとなりに教会を建てるということはお決まりの手段だった。この方法がすたれるのは、12世紀末のことだった。時代がすすんで、村の場所を移したり、さびれて人が減ったとしても、教会の建物は館のとなりに残され、古典様式に改装されたり、館の様式に合わせて完全に建て替えられたりすることも多かった。1829年のカトリック教徒解放法によって、それまで抑えつけられてきたカトリック貴族たちは、堂々と祈りをささげることができるようになった。領地に流行のゴシック様式で教会を建てる者もいた。

大きなカントリー・ハウスの主人は、たいてい家族用の礼拝堂を持っていた。領主と家族は、教区の教会には日曜日だけ行き、家族の専用の信徒席に座ったものだった。この専用席に

図9.14：鳩舎。特徴的な背の高い形をしており、てっぺんにハトの出入り口がある。

図9.15：ウィットリー・コート、ウスターシャー：18世紀の古典様式の教会。四角い建物の形、半円のアーチ窓、そしてクーポラのついた時計塔など、間違いようもなく古典様式の特徴をそなえている。崩壊しかけた中世の建物を建て替えたものだ。外側はちょっと簡素に見えるが、内部はまるで正反対に、目をみはるほど豪華な白と金のロココ様式。英国でも最上級のインテリアのひとつ。

は暖炉までついている場合もあり、快適に説教を聞くことができたはずだ。教会に領主一家の埋葬所をもうけるのもならわしで、たいていは建物の横の礼拝堂や、側廊に作った。たとえ貴族の当主が、本拠地を別の館へ移すことを決めたとしても、家族の埋葬は最初の教区でおこなわれた。

氷室

氷室は大量の氷を保存し、一年中使えるようにするために建てられた。氷室は、熱を防ぐためにレンガのドームをかぶせてある縦穴で、氷を溶かす原因になる湿気を追い出す通気口をそなえていた。せまいトンネルと、少なくともふたつの扉を通って出入りすることで、内部を涼しく保った。氷は冬のあいだに、領地の労働者が、湖や池、または運河から、フックのついた棒、ハンマーや突き棒を使って取ってきた。それから氷を引きずって氷室まで運び、割り砕いて、穴の底に押し固め、熱が伝わらないようにするため上からわらをかけておいた。氷を1年間もたせるには、氷室を作る位置としくみが重要だった。作業をしやすいよう、ふつうは氷を集める場所の近くに建てられ、解けた水を下から排出するために、坂のなかに作られた。木に囲まれて陰になる場所に作ることも多い。ご想像のとおり、湖の表面から取ってきた氷はとても汚く、酒ビンを冷やしたり、冷蔵箱の中に入れるためだけに使われた。輸入した氷が手に入るようになったのは19世紀なかばになってからで、ここで初めて、直接飲み物に入れても問題ないほど質の良い氷が手に入るようになった。

図9.16： 19世紀の氷室の断面図。トンネルに複数のドアがつけられ、氷が保存される穴につながっている。穴の底には鉄か木製の格子があり、氷から解けた水がパイプから排出されるようになっている。内部の壁はレンガ、石、木炭、粘土をサンドイッチすることで熱をさえぎる。現在でも見ることができるのは、氷室のトンネルにつながる、柵の立てられた入り口くらいかもしれない。その入り口は生い茂る木に囲まれた小さな丘の横に見つけることができるだろう。

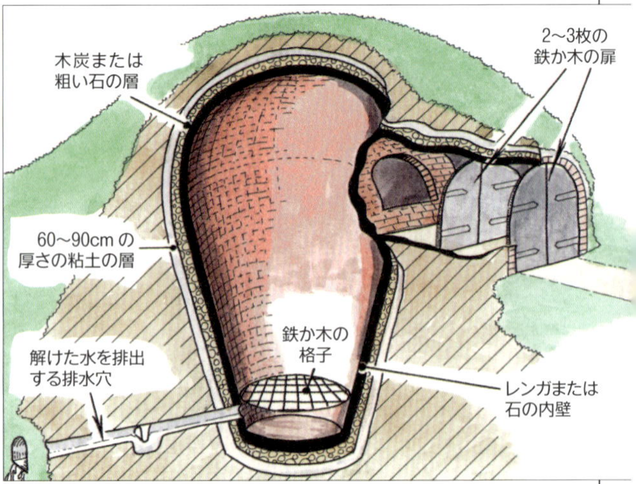

門楼と門衛小屋

門楼は入り口の防御を固めるためのもので、城や、のちには壁で囲まれた領主館にもつけられていた。しかし15世紀になると、軍事的な目的よりも見せるためのものになった。領主の使用人のうち上級のメンバーは、門楼の上の部屋に住んでいたが、ここから中庭に入る者の管理は門衛（ポーター）がおこなった。歴史の長い大学では、多くの場合、現在でもこの門楼によって立ち入りを管理している。門楼が作られた最後の時代は17世紀の初めごろ。それ以降は、大庭園の境界が館からはるか遠くへ移動したので、2軒ひと組の門衛小屋を馬車道の入り口の両脇に建てるのがふつうになった。古典様式の門衛小屋は18世紀、古風なゴシック様式のものやイタリア風のコテージは19世紀に建てられた。ふつうは年老いた使用人が住み込み、近づいてくる馬車から警笛や笛の音を聞くと、ゲートを開けるという仕事をしていた。

図9.17：ストークセイ・カースル、シュロップシャー： 16世紀の門楼。木骨造りで、上の階は上級スタッフのための住まいになっていた。

図9.18：バートン・アグネス・ホール、ドリフィールド、東ヨークシャー：17世紀初めの門楼。特徴的な葱花《そうか》（オジー）形の屋根の塔をそなえ、古典様式としてはサイズのバランスが正しくない装飾板と、その下には半円アーチの出入り口がある。門楼の奥の館は1601～10年に建てられ、デザインはロバート・スマイズソン。しかしその隣には、12世紀に建てられたもとのホールがあり、いまでも訪問することができる。

第3部

便利な参考資料ガイド

QUICK REFERENCE GUIDE

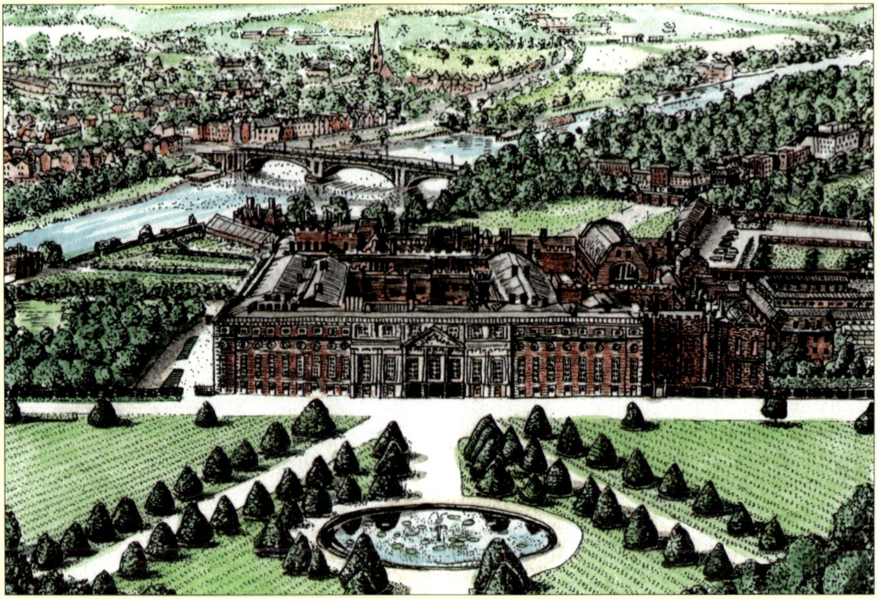

おすすめ訪問先 Places to Visit

以下にあげるのは、本書で紹介した、一般に公開されている館のリストだ。ナショナル・トラスト管理のものは（ＮＴ)、イングリッシュ・ヘリテッジのものは（ＥＨ）と記した。訪問のための詳しい情報はP.121にまとめてある。巻末に、簡単な地図も掲載した。

❶ バッダースリー・クリントン（NT）
Baddesley Clinton
Rising Lane, Baddesley Clinton, Warwickshire, B93 0DQ
Tel. 01564 783294
図7.14
魅力的な中世の堀に囲まれた領主館。秘密の司祭の隠れ穴がある。

❷ ベルトン・ハウス（NT）Belton House
Grantham, Lincolnshire, NG32 2LS
Tel. 01476 566116
図3.1
美しく、ほぼ手を加えられていない17世紀末の館。

バッダースリー・クリントン

❸ ビダルフ・グレインジ・ガーデン（NT）
Biddulph Grange Garden
Grange Road, Biddulph, Staffordshire, ST8 7SD
Tel. 01782 517999
図5.22　9.7　9.9
有名なヴィクトリア時代の庭園。ナショナル・トラストがイタリア風の館の周りによみがえらせた。

❹ ブラックウェル、アーツ・アンド・クラフツ・ハウス
Blackwell, The Arts & Crafts House
Bowness-on-Windermere, Cumbria LA23 3JT
Tel. 015394 46139
www.blackwell.org.uk
図6.15　7.1
20世紀初頭の非常にすぐれたアーツ・アンド・クラフツ様式の内装。

❺ ブレニム・パレス　Blenheim Palace
Woodstock, Oxfordshire OX20 1PP
Tel. 0800 8496500
www.blenheimpalace.com
図3.5　3.9
ジョン・ヴァンブラが初代モールバラ公爵のためにデザインし、1705～22年のあいだに建てられた。英国で最高のバロック様式の大邸宅のひとつ。

❻ ブリックリング・ホール（NT）Blickling Hall
Blickling, Aylsham, Norfolk, NR11 6NF
Tel. 01263 738030
図2.6　2.11
17世紀初頭のジャコビアン様式の館として素晴らしい例。注目はロング・ギャラリー。

❼ ブロズワース・ホール（EH）
Brodsworth Hall and Gardens
Brodsworth, Doncaster, South Yorkshire, DN5 7XJ
Tel. 01302 722598
図5.14
美しく修復された中期ヴィクトリア時代のカントリー・ハウス。庭園は最初の姿に植え直されている。

ブラックウェル、アーツ・アンド・クラフツ・ハウス

❽ バッキンガム・パレス　Buckingham Palace
London, SW1A 1AA
Tel. 0207 766 7300
www.royalcollection.org.uk
図5.2
もともとあったバッキンガム・ハウスを、ジョン・ナッシュとエドワード・ブロアが1820年代に建て直した。そして1913年に改装され、現在の有名な姿に変わった。

❾ バーリー・ハウス　Burghley House
Stamford, Lincolnshire, PE9 3JY
Tel. 01780 752451
www.burghley.co.uk
図2.2　2.10
全体的にオリジナルの姿を保っている、16世紀のプロディジー・ハウス。エリザベス一世の大蔵卿ウィリアム・セシルのために建てられ、18世紀にケイパビリティ・ブラウンが風景式庭園を作った。

❿ バートン・アグネス・ホール　**Burton Agnes Hall**
Driffield, East Yorkshire, YO25 4NB
Tel. 01262 490324
www.burtonagnes.com
図9.18
エリザベス一世時代の館。有名な門楼があり、その隣にはオリジナルのノルマン時代のホールがいまだに建っている。

⓫ コーク・アビー（NT）　**Calke Abbey**
Ticknall, Derby, Derbyshire, DE73 7LE
Tel. 01332 863822
図7.7
おどろくほど手つかずの、18世紀初頭の邸宅。

⓬ ケープスソーン・ホール　**Capesthorne Hall**
Siddington, Macclesfield, Cheshire, SK11 9JY
Tel. 01625 861221
www.capesthorne.com
図5.1
かなり古い時代からあるが、館は初期ヴィクトリア時代に、16世紀風に建て替えられた。

⓭ カースル・ドローゴー（NT）　**Castle Drogo**
Drewsteignton, near Exeter, Devon, EX6 6PB
Tel. 01647 433306
図5.28
20世紀初頭のカントリー・ハウス。サー・エドウィン・ラチェンズが、城館の様式で建てた。

⓮ カースル・ハワード　Castle Howard
York YO60 7DA
Tel. 01653 648333
www.castlehoward.co.uk
図3.4
偉大なカントリー・ハウスのひとつ。1699年に、サー・ジョン・ヴァンブラがバロック様式で建てたもの。

バートン・アグネス・ホール

⑮ チャッツワース　Chatsworth
Bakewell, Derbyshire DE45 1PP
Tel. 01246 565300
www.chatsworth.org
図3.6
もっとも有名なカントリー・ハウスのひとつ。450年以上のあいだキャベンディッシュ家が所有し、部分ごとに少しずつ建ててきた。たとえば17世紀末から18世紀初頭に作られた名高い正面など。エンザーの村は、初期ヴィクトリア時代に場所を移動して、絵画のような家々を建てた、とてもわかりやすい例だ。

⑯ チジック・ハウス　**Chiswick House**（EH）
Burlington Lane, Chiswick, London W4 2RP
Tel. 020 8995 0508
図4.2
重要な初期パラディオ様式の館。1725～29年にバーリントン卿が建てた。

⑰ クラッグサイド（NT）　**Cragside**
Rothbury, Morpeth, Northumberland, NE65 7PX
Tel. 01669 620333
図5.16
ドメスティック・リバイバル様式の館。１８７０年代にリチャード・ノーマン・ショーが、発明の才を持っていたアームストロング卿のためにデザインした。

⑱ クロンクヒル、アッティンガム・パーク・エステート（NT）
Cronkhill, Attingham Park Estate
near Atcham, Shrewsbury, Shropshire, SY5 6JP
Tel. 01743 708162
図5.8
イタリア風様式の小住宅（ヴィラ）。ジョン・ナッシュが1805年にアッティンガム・パーク屋敷の一部としてデザインした。

⑲ ダナム・マッシー（NT）　Dunham Massey
Altrincham, Cheshire, WA14 4SJ
Tel. 0161 941 1025
図9.12
多くの過去の時代の要素をそなえた館。中世の堀と鹿園も残っている。

⑳ ハドン・ホール　**Haddon Hall**
Bakewell, Derbyshire, DE45 1LA
Tel. 01629 812855
www.haddonhall.co.uk
劇的な場所に立つ中世の館。ロング・ギャラリーで知られる。

㉑ ハンプトン・コート・パレス
Hampton Court Palace
East Molesey, Surrey, KT8 9AU
Tel. 0844 482 7777
www.hrp.org.uk/HamptonCourtPalace
図1.4、P.114
広く知られた宮殿で、枢機卿ウルジーが建てたもの。ウルジーはヘンリー八世の機嫌をそこねたときに宮殿を引き渡し、その後、王が増築をおこなった。17世紀末にはクリストファー・レンがさらに改築している。

㉒ ハードウィック・ホール（NT）　Hardwick Hall
Doe Lea, Chesterfield, Derbyshire, S44 5QJ
Tel. 01246 850430
図2.1
16世紀末にハードウィックのベスのために建てられた有名なプロディジー・ハウス。古いホール（現在はイングリッシュ・ヘリテッジが管理している）のとなりに建てられた。しかし古いホールといいながら、それが完成したのは、ベスが新しい建物に着手する数年前のことだった。

㉓ ハットフィールド・ハウス　Hatfield House
Hatfield, Hertfordshire, AL9 5NQ
Tel. 01707 287010
www.hatfield-house.co.uk
図2.8
豪壮なジャコビアン様式の館。400年以上のあいだセシル家が所有している。

㉔ ハイクレア・カースル　Highclere Castle
Highclere Park, Newbury, RG20 9RN
Tel. 01635 253210
www.highclerecastle.co.uk
図5.3　9.9
初期ヴィクトリア朝様式の城館様式の館。テレビ番組の『ダウントン・アビー』で使われた。

㉕ホーカム・ホール　Holkham Hall
Wells-next-the-Sea, Norfolk, NR23 1AB
Tel. 01328 710227
www.holkham.co.uk
図4.3
18世紀中盤に建てられたパラディオ様式の館の名作。デザインはウィリアム・ケントによるもので、目を奪われるような大理石のホールをそなえる。

㉖ ケドルストン・ホール（NT）　Kedleston Hall
near Quarndon, Derby, Derbyshire, DE22 5JH
Tel. 01332 842191
図4.4　4.5　7.4
18世紀中盤のパラディオ様式の館。ロバート・アダムによる最高傑作のひとつ。

㉗ リトル・モートン・ホール（NT）
Little Moreton Hall
Congleton, Cheshire, CW12 4SD
Tel. 01260 272018
図1.1　7.11　7.12
有名な木骨造りの館。15世紀末から16世紀のもの。ガラスの入った窓とロング・ギャラリーが見もの。

㉘ ロングリート　Longleat
Warminster, Wiltshire, BA12 7NW
Tel. 01985 844400
www.longleat.co.uk
図2.5
最高のカントリー・ハウスのひとつで、1560年代にサー・ジョー・タインが建てた。風景式庭園はケイパビリティ・ブラウンによるもの。

㉙ ラウザー・カースル　Lowther Castle
Penrith, Cumbria, CA10 2HH
Tel. 01931 712192
www.lowthercastle.org
図5.7
美しい景色に包まれた、19世紀初頭の城館様式の大邸宅。現在は内部はからっぽだが、庭園は修復作業が進行中で、一般公開されている。詳細はウェブサイトを参照のこと。

㉚ ライム・パーク（NT）　Lyme Park
Disley, Stockport, Cheshire, SK12 2NR
Tel. 01663 762023
図2.12　4.1
16世紀の館。優雅な18世紀初頭の正面が湖のほとりに立つ。

㉛ ネザー・ウィンチェンドン・ハウス
Nether Winchendon House
Nether Winchendon, Near Thame, Aylesbury, Buckinghamshire, HP18 0DY
Tel. 01844 290101
www.netherwinchendonhouse.com
図5.5　中世に由来を持つ館だが、改装されて、18世紀末のジョージ王朝ゴシック様式になっている。

ライム・パーク

32 ポウイス・カースル（NT） **Powis Castle**
Welshpool, Powys, SY21 8RF
Tel. 01938 551944
図9.3
始まりは中世の城だが、現在では庭園のほうが有名。

33 ロイヤル・パヴィリオン **Royal Pavilion**
4/5 Pavilion Buildings, Brighton, East Essex, BN1 1EE
tel. 03000 290900
brightonmuseums.org.uk/royalpavilion
図5.9
もとの建物をジョン・ナッシュが1815〜23年にインド風の様式に作りかえた。

34 シャグバラ・ホール（NT） **Shugborough Hall**
Milford, near Stafford, Staffordshire, ST17 0XB
Tel. 0845 459 8900
www.shugborough.org.uk
図4.6　5.10　9.9
もとあった館を新古典様式に改装している。現在は、可能なかぎり、19世紀におこなわれていたとおりの仕事を再現している領地として知られる。

35 スタンデン（NT）
Standen House and Garden
West Hoathly Road, East Grinstead, West Sussex, RH19 4NE
Tel. 01342 323029
図5.18
一般公開されている数少ないアーツ・アンド・クラフツ様式の館のひとつ。インテリアのデザインはフィリップ・ウェッブとモリス商会によるもの。地元の素材を、もとの特徴を生かしたまま使うというアーツ・アンド・クラフツ運動の思想を表現している。

36 スタントン・ハーコート・マナー・ハウス・アンド・ガーデンズ
Stanton Harcourt Manor House and Gardens
Main Road, Witney, Oxfordshire, OX29 5RJ
Tel. 01865 881928
図8.3
中世の庭園と館。めずらしいキッチンをそなえる。

37 ストークセイ・カースル（EH）**Stokesay Castle**
Stokesay, Craven Arms, Shropshire, SY7 9AH
Tel. 01588 672544
図1.2　1.8　9.17
注目すべき中世の要塞化した領主館。中世当時のホール、領主の私室（ソーラー）、防御用の設備をそなえ、のちの時代の木骨造りもある。

38 ストウ・ハウス **Stowe House**
Stowe School, Stowe, Buckingham MK18 5EH
Tel. 01280 818229
www.stowe.co.uk
図4.18　9.9　9.10
壮麗な18世紀の館。巨大な大理石のサルーンを持つ。館は1922年に売却されて、現在は学校の一部になっている。しかし、名高い風景式庭園はナショナル・トラストが管理している。

39 サドベリー・ホール（NT） **Sudbury Hall**
Sudbury, Ashbourne, Derbyshire, DE6 5HT
Tel. 01283 585305
図3.2　3.15
17世紀末の館だが、前の時代のジャコビアン様式の要素をそなえているため、建てられたときにはちょっと時代遅れになっていた。注目すべきところはロング・ギャラリーと、木彫りの階段。

㊵ サットン・スカースデール・ホール（EH）
Sutton Scarsdale Hall
Chesterfield, Derbyshire, S44 5UR
Tel. 01604 735400（地方オフィス）
図3.14
初期ジョージ王朝時代の館。1922年にお金になる資産はすべて売られ、建物だけが残っている。どこでも自由に歩き回ることができるので、建築の構造を見るというめずらしい体験ができる。

㊶ タットン・パーク（NT）　Tatton Park
Knutsford, Cheshire, WA16 6QN
Tel. 01625 374400
www.tattonpark.org.uk
図4.7　9.8
新古典様式の館。領地内の建物と庭園、大庭園が名高い。

㊷ ティンツフィールド（NT）　Tyntesfield
Wraxall, Bristol, North Somerset, BS48 1NX
Tel. 0344 800 4966
図5.12
ゴシック・リバイバル様式のカントリー・ハウスとしてきわめてすぐれた例。

㊸ アップパーク（NT）　Uppark
South Harting, Petersfield, West Sussex, GU31 5QR
Tel. 01730 825 415
図3.3
17世紀末のすばらしいオランダ様式の館。

㊹ ウォッズドン・マナー（NT）Waddesdon Manor
Waddesdon, near Aylesbury, Buckinghamshire, HP18 0JH
Tel. 01296 653226
www.waddesdon.org.uk
図5.15
目をみはるようなフランス城館様式の館。1870～80年代に丘の上に建てられた。

㊺ ウィティック・マナー（NT）　Wightwick Manor
Wightwick Bank, Wolverhampton, West Midlands, WV6 8EE
Tel. 01902 761400
図5.17　5.24
アーツ・アンド・クラフツ様式の館とインテリア。

㊻ ウィトリー・コート（EH）　Witley Court
Worcester Road, Great Witley, Worcestershire, WR6 6JT
Tel. 01299 896636
図4.17　6.9　9.11　9.15
19世紀初頭に建て替えられたジャコビアン様式の館だが、現在は建物の外側のみ。中身がからなので建物の構造を理解できるというだけでなく、壮観な噴水と教会も、かつての栄光を取り戻すかのように再建されている。

㊼ ウォラトン・ホール
Wollaton Hall, Gardens and Deer Park
Wollaton Park, Wollaton, Nottingham, NG8 2AE
Tel.0115 876 3100
www.wollatonhall.org.uk
図2.3　2.15
16世紀末のプロディジー・ハウスのたいへんすぐれた例。町の中心部に近い大庭園に建っている。

ウィティック・マナー

さらなる情報 Further Information

もっとも多くのカントリー・ハウスを所有し管理しているのはナショナル・トラストで、会員になれば、ほかではかなわないような価値が得られる。英国においても最高級にすばらしい建物と芸術品に簡単にふれることができるからだ。より詳しい情報と行き方はウェブサイトへ。www.nationaltrust.org.uk

そのほか多くの館や城をイングリッシュ・ヘリテッジが管理している。入会方法や訪問情報は、ウェブサイトで。www.english-heritage.org.uk

カントリー・ハウスを訪問するための総合的なガイドとしてわたしがお勧めしたいのは『ハドソンズ・ヒストリック・ハウセズ・アンド・ガーデンズ・ガイド』（*Hudson's Historic Houses & Gardens Guide*)。これは毎年出版されており、一般に公開されているすべての保護資産（プロパティ）が、個人所有のものも含めてリストアップされている。さらなる情報や、ガイドを購入するには、ウェブサイトへ。www.hudsons-heritage.com

それぞれの館について、歴史や訪問方法など、現在ではほんとうにたくさんの情報がインターネット上にある。知りたい館の名前をただ打ち込んで検索するだけでいい。そのほかに、より一般的な情報を掲載したり、詳しい情報源へのリンクを集めたウェブサイトをいくつか紹介しておこう。

www.buildinghistory.org：あらゆる建築タイプに関する情報。
www.british-history.ac.uk：地域ごとの領地と館の情報が、「ヴィクトリア・カントリー・ヒストリー」シリーズに掲載されている。
www.stately-homes.com：訪問できる保護資産の地名索引。
www.dicamillocompanion.com：カントリー・ハウスに関する短いガイド。
www.lostheritage.co.uk：解体されたカントリー・ハウスについての魅力的な情報。

そのほかカントリー・ハウスについてさらに詳しい情報が載っている本をいくつか下にまとめた。

Cruickshank, Dan　*The Country House Revealed: A Secret History of the British Ancestral Home*
Girouard, Mark　*Life in the English Country House: A Social and Architectural History*
邦訳：マーク・ジルアード　森静子・ヒューズ訳『英国のカントリー・ハウス』上・下　住まいの図書館出版局【絶版】
Jenkins, Simon　*England's Thousand Best Houses*
Musson, Jeremy and Barker, Paul　*English Country House Interiors*
Pevsner, Nikolaus　*The Buildings of England Series* (yalebooks.co.uk/pevsner.asp)
Sambrook, Pamela A. and Brears, Peter C.D.　*The Country House Kitchen 1650-1900* (National Trust)

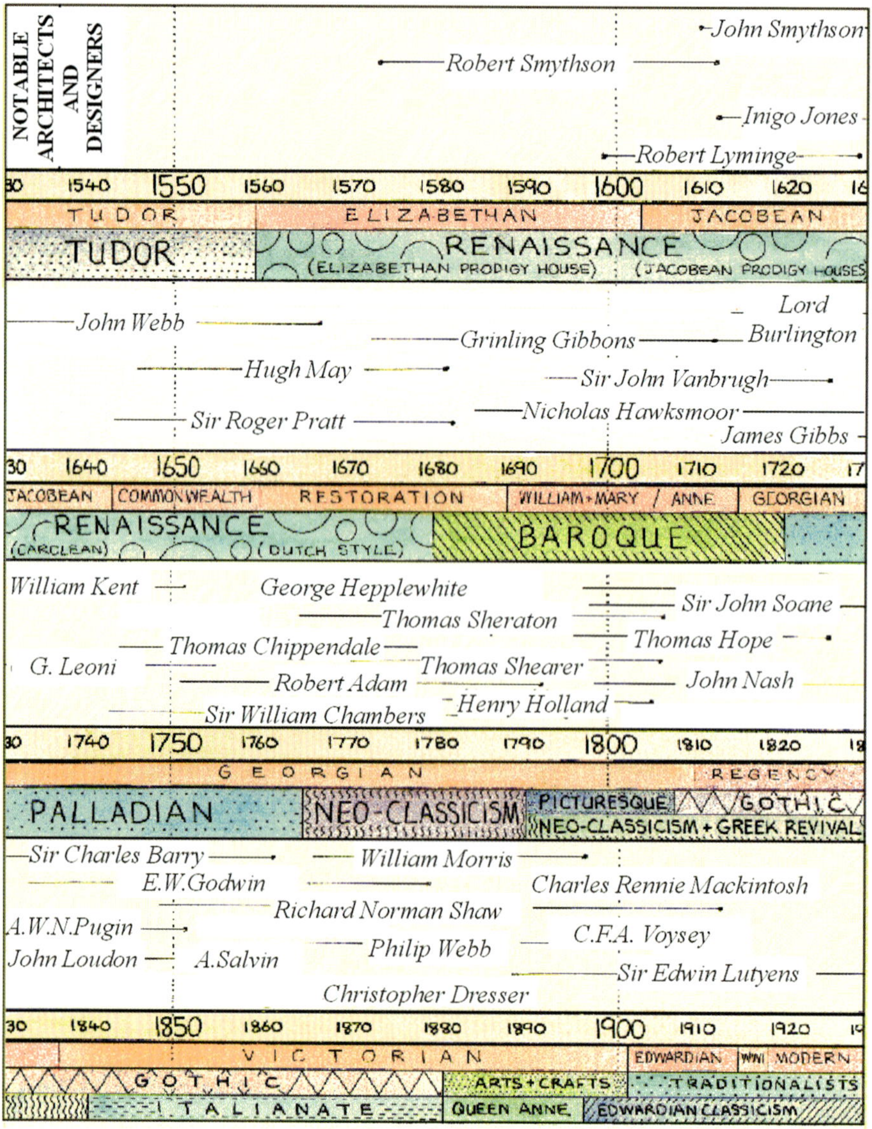
NOTABLE ARCHITECTS AND DESIGNERS
John Smythson
Robert Smythson
Inigo Jones
Robert Lyminge
1540 1550 1560 1570 1580 1590 1600 1610 1620
TUDOR
ELIZABETHAN
JACOBEAN
TUDOR
RENAISSANCE
(ELIZABETHAN PRODIGY HOUSE)
(JACOBEAN PRODIGY HOUSES)
John Webb
Grinling Gibbons
Lord Burlington
Hugh May
Sir John Vanbrugh
Sir Roger Pratt
Nicholas Hawksmoor
James Gibbs
1640 1650 1660 1670 1680 1690 1700 1710 1720
JACOBEAN
COMMONWEALTH
RESTORATION
WILLIAM+MARY / ANNE
GEORGIAN
RENAISSANCE
(CAROLEAN)
(DUTCH STYLE)
BAROQUE
William Kent
George Hepplewhite
Sir John Soane
Thomas Sheraton
Thomas Chippendale
Thomas Hope
G. Leoni
Thomas Shearer
Robert Adam
John Nash
Sir William Chambers
Henry Holland
1740 1750 1760 1770 1780 1790 1800 1810 1820
GEORGIAN
REGENCY
PALLADIAN
NEO-CLASSICISM
PICTURESQUE
GOTHIC
NEO-CLASSICISM + GREEK REVIVAL
Sir Charles Barry
William Morris
E.W.Godwin
Charles Rennie Mackintosh
Richard Norman Shaw
A.W.N.Pugin
C.F.A. Voysey
John Loudon
A.Salvin
Philip Webb
Sir Edwin Lutyens
Christopher Dresser
1840 1850 1860 1870 1880 1890 1900 1910 1920
VICTORIAN
EDWARDIAN
WWI
MODERN
GOTHIC
ARTS+CRAFTS
TRADITIONALISTS
ITALIANATE
QUEEN ANNE
EDWARDIAN CLASSICISM

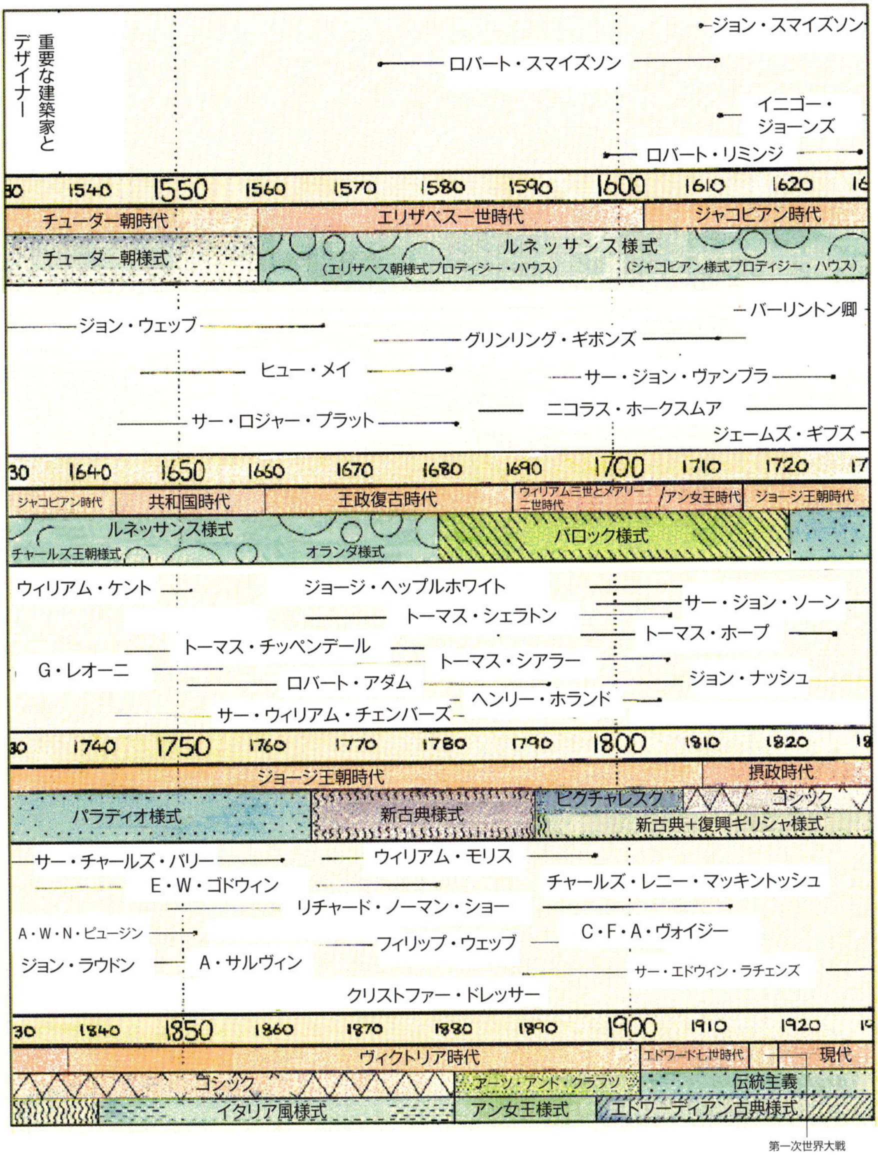

重要な建築家とデザイナー
ジョン・スマイズソン
ロバート・スマイズソン
イニゴー・ジョーンズ
ロバート・リミンジ
1540 1550 1560 1570 1580 1590 1600 1610 1620
チューダー朝時代
エリザベス一世時代
ジャコビアン時代
チューダー朝様式
ルネッサンス様式
(エリザベス朝様式プロディジー・ハウス)
(ジャコビアン様式プロディジー・ハウス)
バーリントン卿
ジョン・ウェッブ
グリンリング・ギボンズ
ヒュー・メイ
サー・ジョン・ヴァンブラ
ニコラス・ホークスムア
サー・ロジャー・プラット
ジェームズ・ギブズ
1640 1650 1660 1670 1680 1690 1700 1710 1720
ジャコビアン時代
共和国時代
王政復古時代
ウィリアム三世とメアリー二世時代
アン女王時代
ジョージ王朝時代
ルネッサンス様式
チャールズ王朝様式
オランダ様式
バロック様式
ウィリアム・ケント
ジョージ・ヘップルホワイト
サー・ジョン・ソーン
トーマス・シェラトン
トーマス・ホープ
トーマス・チッペンデール
G・レオーニ
トーマス・シアラー
ロバート・アダム
ジョン・ナッシュ
ヘンリー・ホランド
サー・ウィリアム・チェンバーズ
1740 1750 1760 1770 1780 1790 1800 1810 1820
ジョージ王朝時代
摂政時代
パラディオ様式
新古典様式
ピクチャレスク
ゴシック
新古典+復興ギリシャ様式
サー・チャールズ・バリー
ウィリアム・モリス
E・W・ゴドウィン
チャールズ・レニー・マッキントッシュ
リチャード・ノーマン・ショー
A・W・N・ピュージン
C・F・A・ヴォイジー
フィリップ・ウェッブ
ジョン・ラウドン
A・サルヴィン
サー・エドウィン・ラチェンズ
クリストファー・ドレッサー
1840 1850 1860 1870 1880 1890 1900 1910 1920
ヴィクトリア時代
エドワード七世時代
現代
ゴシック
アーツ・アンド・クラフツ
伝統主義
イタリア風様式
アン女王様式
エドワーディアン古典様式
第一次世界大戦

用語集 GLOSSARY

abutment	橋台	橋のアーチや、アーチ状の天井を支える壁。
aisle	側廊	ホールにそって横の部分を走る空間で、柱や円柱で仕切られている。
anthemion	忍冬《にんどう》模様	装飾としてデザインされたスイカズラ（ハニーサックル）の模様。
apse	アプス	教会や部屋の一方の端の、半円形になった部分。
arcade	アーケード	アーチと円柱（コラム）の列。
architrave	台輪《だいわ》、化《け》粧縁《しょうぶち》	飾り柱の上部、エンタブレチュアの底の部分を指す。また、戸口の周りの化粧縁の部分もいう。
ashlar	切り石積み	石をなめらかな方形に切り出し、ごく薄い目地（つなぎ）を挟んで積んだもの。
astylar	無柱式《むちゅうしき》の	円柱などの垂直の特徴をそなえていない正面のデザイン。
atrium	アトリウム	複数の階がある建物に囲まれ、上からの自然光を取り入れた中庭。
balustrade	手すり	飾りをほどこした垂直の手すり子（バラスター）を並べ、上に横木を渡したもの。
blind	ブラインド	アーケード、手すり、またはポーティコなどの窓や出入り口がふさがれているもの（左右対称などの飾りのバランスをとるためにもうけるが、実際には口が開いていない。ブラインド・アーケード、ブラインド・ドア、ブラインド・ウィンドウなどという）。
bonding	ボンディング	壁を作るレンガの積み方。レンガの小口面（ヘッダー）と長手面（ストレッチャー）の出方で積み方を見分けることができる。よくある二種類のボンディングのうち、イギリス積みは、長手面だけの列と小口面だけの列を交互に積むもので16～17世紀に人気があった。もうひとつはフレミッシュ積みで、同じ列のなかで長手面と小口面を交互に積む。全般的に見て、18世紀にフレミッシュ積みがイギリス積みにとって替わった。
capital	柱頭	飾りをほどこした円柱の頂上部分。
cartouche	カルトゥーシュ	ふつうは、だ円形の、紋章などで飾った板。
caryatids	女人立像	エンタブレチュアを支える女性の像。
casement	開き窓	ちょうつがいで開く横開きの窓。
castellated	城郭風の	銃眼つきの胸壁があること。
Coade stone	コード・ストーン	焼き物素材の一種で、18世紀末から19世紀初頭に使われた。開発生産者のエレノア・コードから名付けられた。製作方法はのちに失われてしまった。
coffered ceiling	格《ごう》天井	へこんだ鏡板（パネル）をそなえた天井。
colonnade	列柱《れつちゅう》	エンタブレチュアを支える円柱の列。
cornice	コーニス	エンタブレチュアの一番上の部分。または、室内や建築の外側の壁の一番上をぐるりとめぐる部分。
console	渦巻状持ち送り	S字形を描く、飾りのための腕木。
cupola	クーポラ	小さなドーム屋根つきの、円柱形か多角柱形のタワーで、屋根またはドーム屋根の頂上にもうけてあるもの。

dormer window	屋根窓	斜めになった屋根板に対し、垂直に立つ窓で、ふつうは寝室として使われる屋根裏部屋への明かり取り用。フランス語の「眠る」という動詞が語源。
double pile	二列の部屋割り	二部屋の奥行きがある家のこと。
drip moulding	雨よけのひさし	窓の上にそって走る繰形装飾（モールディング）で、雨から窓を保護する役割を持つ。
eaves	ひさし	壁を保護するため張り出した屋根。
entablature	エンタブレチュア	円柱で支えられ、その上にかかっている水平の部分のこと。
entasis	エンタシス	円柱の中央部分にかけて少しふくらんでいること。まっすぐな円柱が、目の錯覚で内側に曲がっているように感じるのを修正する目的でギリシャ人が考えた。
fluting	フルーティング	円柱や付け柱に縦に走らせた溝の模様。
frieze	フリーズ	エンタブレチュアの中ほどの部分。
gable	破風	壁の一番上の、斜めになった2枚の屋根板にはさまれた、三角になった部分のこと。
hipped roof	寄棟《よせむね》屋根	四つの面がすべて斜めに傾いている屋根。寄棟でなく「破風屋根」の場合は三角の部分も垂直に立っている。
jambs	脇柱	扉の開口部の左右の部分。
keystone	くさび石	アーチの上の、中央の石。デザインとして上に突き出していることもある。
lantern	頂塔	ドーム屋根の上についた小さな塔。建物の内部を照らす明かり取りのためにもうける。
lintel	まぐさ	扉や窓の開口部の上に渡した平らな梁《はり》。上の壁の重みを支える。
loggia	ロッジア	円柱を並べた回廊または通路の、片側が開いているもの。
louvre	放熱孔	暖炉の煙を追い出すための穴。ふつうはよろい板をかぶせてある。
mansard roof	腰折れ屋根	低い部分は角度がきつく、途中で折れて上の部分の角度は浅くなっている屋根。内部の屋根裏部屋のスペースを広くするための形。
moulding	繰形	木や石、しっくいで作った細長い形の飾り（断面が一定のまま細く長く作った飾りの総称）。
mullion	縦仕切り	窓に垂直に入った支柱。
oculus	円形窓	丸い窓。ドーム屋根や腰折れ屋根によく作られる。
oratory	小礼拝堂	小さな私用の礼拝堂。
orders	オーダー	古典様式建築において、円柱とエンタブレチュアを取り合わせるさまざまな様式のこと。
oriel window	張り出し窓	大きな張り出した窓。
parapet	手すり壁	メインの外壁の延長上、屋根の周りにそってめぐらせた、あるいは17世紀、オランダ様式の腰折れ屋根の上にめぐらせた、低い壁。

pediment	ペディメント	円柱の上に乗っている浅い角度の三角形の飾り。ポーティコの上や、古典様式の戸口につけられるのがふつう。
piano nobile	主要階	貴賓室をおさめた階。通常は高くした地下階または地上階の上に置く。
pilaster	付け柱	壁からわずかに張り出した長方形の柱。頂上と台座には、壁につけずに立っている通常の円柱と同じ扱いの飾りがつく。
portico	ポーティコ	平らなエンタブレチュアまたは三角形のペディメントを円柱の上にのせたポーチ。
plinth	台座	壁の基礎の張り出した部分、または円柱を乗せる四角の台座。柱礎《ちゅうそ》ともいう。
quoins	すみ石	建物の角の部分の飾りになる石。
rotunda	ロトンダ	ドーム型の屋根を乗せた円筒型の建物。
rustication	ラスティケーション	石材に深い溝を彫ることで分かれたブロックにする細工法。時には乱暴に切ったような仕上げにすることもある。パラディオ様式の館で地下階を差別化するために使われることが多い。
sash	上げ下げ窓	縦にスライドして開く窓。ちなみにヨークシャー・サッシは横にスライドして開く。
shaft	柱身	円柱の中央にあたる円筒部分。
sill	下枠	窓や扉や木骨造りの壁の、口を開けた部分の下の枠。敷居、窓敷居。
solar	ソーラー	中世のホールの、領主が座る席の奥にあるウィズドローイング・ルーム。
stucco	化粧しっくい	なめらかで長持ちする石灰のコーティング材。建物の外観のレンガに塗って石材をまねるためによく使われる。スタッコ。
tracery	狭間飾り	石造りの窓の上部が骨組みで模様を描いているもの。ふつう、教会や礼拝堂、中世のホールで見られる。トレーサリー。
transom	横仕切り	水平の窓仕切り。
tympanum	三角小間	ペディメントの三角形の内側の平らな部分。
vault	丸天井	レンガや石でできたアーチ型の天井。ときにはしっくいや木で作り、レンガや石をまねることもある。
Venetian windows	ベネチア式窓	３つの縦長の窓を並べ、中央のものが背が高くアーチになっているもの。
voissoir	迫石《せりいし》	アーチを作るくさび形の石。

索引 INDEX

●ア行
アーツ・アンド・クラフツ、－様式　Arts and Crafts　55-57, 60, 67-69, 71-72, 74-75, 77, 115-116, 119-120
アダム（ロバート・アダム）、－様式　Adam, Robert　37, 43, 49, 66-68, 72, 78, 81, 118, 122-123
アップパーク、サセックス　Uppark, Sussex　26, 120
洗い場　scullery　87-88, 96-97
イタリア風、－様式　Italiante　49-50, 54, 59, 115, 117
ヴァンブラ（ジョン・ヴァンブラ）　Vanbrugh, John　25, 27, 30, 115-116, 122-123
ウィティック・マナー、ウェスト・ミッドランド Wightwick Manor, West Midlands　56, 60, 120
ウィルトン・ハウス、ウィルトシャー　Wilton House, Wilts　36
ウィトリー・コート、ウスターシャー　Witley Court, Worcs　43, 69, 107, 111, 120
ウェッブ（フィリップ・ウェッブ）　Webb, Philip　57, 119, 122-123
ウォッズドン・マナー、バッキンガムシャー　Waddesdon Manor, Bucks　55, 120
ウォラトン・ホール、ノッティンガム　Wollaton Hall, Notts　17, 23, 120
煙突　chimneys　13, 16, 21, 25-26, 31, 35, 49, 51, 60, 67, 70-71
温室　green/glasshouse　58, 101, 104
温室　conservatories　57-58, 61, 105

●カ行
カースル・ドローゴー、デヴォン　Castle Drogo, Devon　62, 116
カースル・ハワード、ヨークシャー　Castle Howard, Yorks　27, 116
階段　stairs　73-74
家具　furniture　79, 81, 83, 89
壁　wall coverings　65-66, 78, 81, 90
カムデン・ハウス、チッピング・ハウス　Campden House, Chipping Campden　79
キッチン　kitchen　11, 14, 19-20, 23, 28-29, 40, 58, 80, 87-92, 96, 119
狐狩り、狩り、銃猟　hunting/shooting　46, 108-109
ギボンズ（グリンリング・ギボンズ）　Gibbons, Grinling　66, 122-123
キャンベル（コリン・キャンベル）　Campbell, Colen　35, 37
厩舎、馬車倉庫、馬小屋　stables/coach houses　11, 27-28, 108
クラッグサイド、ノーサンバーランド　Cragside, Northumberland　56, 117
グレート・チェンバー　great chambers　20, 29, 78-79, 81, 84
クロンクヒル、シュロップシャー　Cronkill, Salop　50, 117
ケープスソーン・ホール、チェシャー　Capesthorne Hall, Cheshire　45, 116
ケドルストン・ホール、ダービーシャー　Kedleston Hall, Derbys　36-37, 78, 118
コーク・アビー、ダービーシャー　Calke Abbey, Derbys　80, 116
ゴシック、－様式、ジョージ王朝ゴシック、ゴシック・リバイバル　Gothick/Gothic Revival　47, 48, 49, 52-53, 59-60, 64, 67, 70, 118, 120
コンプトン・ウェニエイツ、ウォリックシャー　Compton Wynyates, Warwicks　12

●サ行
サイオン・ハウス、ロンドン　Syon House, London　81
サットン・スカースデール・ホール、ダービーシャー Sutton Scarsdale Hall, Derbys　31, 120
サドベリー・ホール、ダービーシャー　Sudbury Hall, Derbys　25, 32, 119
サルーン　saloon　29, 40, 80-81, 119
鹿園　deer park　108-109, 117
自家農場　farms, home　109
シャグバラ・ホール、スタッフォードシャー Shugborough Hall, Staffs　38, 52, 106, 119
醸造室　brewhouse　11, 88, 95, 109
ショー（リチャード・ノーマン・ショー）　Shaw, Richard Norman　55-56, 117, 122-123
ジョーンズ（イニゴー・ジョーンズ）　Jones, Inigo　18, 26, 35-36, 122-123
新古典様式　Neo Classical　37-38, 44, 51-52, 64, 68, 71, 119-120
寝室　bedrooms/chambers　29, 40, 58, 81-83
スコティッシュ・バロニアル様式　Scottish Baronial　49
スタンデン、サセックス　Standen, Sussex　57, 119
スタントン・ハーコート・マナー、オックスフォードシャー Stanton Harcourt Manor, Oxon　89, 119
ストウ・ハウス、ストウ・ランドスケープ・ガーデンズ、バッキンガムシャー　Stowe House/Gardens, Bucks　43, 106-107, 119
ストークセイ・カースル、シュロップシャー　Stokesay Castle, Salop　9, 13, 112, 119
スマイズソン（ロバート・スマイズソン）　Smythson, Robert　15, 17, 113, 122-123
正餐室　dining rooms　29, 39, 58, 79-80, 82, 88-89
生鮮食品貯蔵室と食料貯蔵室　larder/pantry　20, 29, 88, 97
使用人ホール　servants' hall　19, 29, 88, 98

●タ行
タットン・パーク、チェシャー　Tatton Park, Cheshire　38, 105, 120
ダナム・マッシー、チェシャー　Dunham Massey, Cheshire　108, 117
暖炉　fireplaces　13, 21, 64, 70-72, 77, 83, 89, 91
チジック・ハウス、ロンドン　Chiswick House, London　35-36, 40, 117
チャッツワース・ハウス、ダービーシャー Chatsworth House, Derbys　26, 28, 117
朝食室／午前用の居間　breakfast/morning room　57-58, 79
ディーナリー・ガーデンズ、ソニング　Deanery Gardens,

Sonning 60
庭園 gardens 23, 100-105, 119-120
ティンツフィールド、サマーセット Tyntesfield, Somerset 53, 120
天井 ceilings 67-69, 77-79
トイレ、便所 garderobe 8, 84, 86
図書室 library 39, 85
扉/出入り口 doors/doorways 10, 12, 22, 30, 72-73
ドローイング・ルーム、ウィズドローイングルーム、応接間 drawing/withdrawing rooms 28-29, 39, 58, 64, 81-82, 84

●ナ行

ナッシュ(ジョン・ナッシュ) Nash, John 46, 50-51, 116-117, 119, 122-123
ニューナム・コートニー、オックスフォードシャー Nuneham Courtney, Oxon 103
ネザー・ウィンチェンドン・ハウス、バッキンガムシャー Nether Winchendon House, Bucks 48, 118

●ハ行

ハードウィック・ホール、ダービーシャー Hardwick Hall, Derbys 15, 19, 22, 76, 118
バートン・アグネス・ホール、東ヨークシャー Burton Agnes Hall, East Yorks 113, 116, 117
パーラー、居間 parlour 20, 29, 75, 79
バーリー・ハウス、リンカーンシャー Burghley House, Lincs 16, 21, 116
ハイクレア・カースル、ハンプシャー Highclere Castle, Hants 47, 106, 118
バッキンガム・パレス、ロンドン Buckingham Palace, London 46, 116
バッダースリー・クリントン、ウォリックシャー Baddesley Clinton, Warwicks 86, 115
ハットフィールド・ハウス、ハートフォードシャー Hatfield House, Herts 20, 118
ハドン・ホール、ダービーシャー Haddon Hall, Derbys 117
パラディオ様式、パラディオ Palladian/Palladio 26, 35, 37-38, 40, 42, 48, 50, 57, 66, 68, 80, 89, 117-118
バルストロード・パーク、バッキンガムシャー Bulstrode Park, Bucks 52
バロック、ー様式 Baroque 26-27, 28, 30-31, 34-37, 54, 64, 66, 73, 80-81, 83, 115, 116
ハンプトン・コート・パレス Hampton Court, Surrey 11, 114, 117
ヒースコット、ヨークシャー Heathcote, Yorks 57
ビダルフ・グレインジ、スタッフォードシャー Biddulph Grange, Staffs 59, 104, 106, 115
氷室 ice house 111-112
ピュージン(オーガスタス・ウェルビー・ノースモア・ピュージン) Pugin, A.W.N 52, 122-123
ビリヤード室、ビリヤード billiards room 57-58, 64, 75, 84
フォリー follies 105-106
ブラウン(ランスロット・ケイパビリティ・ブラウン) Capability Brown, Lancelot 102, 116, 118
ブラックウェル、アーツ・アンド・クラフツ・ハウス、ウィンダミア Blackwell, Windermere 72, 75, 115-116
ブリックリング・ホール、ノーフォーク Blickling Hall, Norfolk 19, 21, 115
ブレニム・パレス、オックスフォードシャー Blenheim Palace, Oxon 26-27, 30, 115
ブロードレイズ、ウィンダミア Broadleys, Windermere 60
ブロズワース・ホール、サウス・ヨークシャー Brodsworth Hall, South Yorks 54, 115
ベルトン・ハウス Belton House, Lincs 24, 115
ポウイス・カースル、ポウイス Powis Castle, Powys 101, 119
ホーカム・ホール、ノーフォーク Holkham Hall, Norfolk 36, 118
ホール hall 9-11, 14, 17-20, 23, 28-30, 39-40, 58, 65, 73, 75, 76-77, 80, 82, 97, 110, 116, 119

●マ行

窓 windows 6, 10,-12, 17, 21, 23, 25-27, 30-31, 35, 37, 42-43, 48-49, 53-55, 59-60, 118, 125
メリワース・ハウス、ケント Mereworth Castle, Kent 40
木骨 timber frames 5-6, 8, 10, 52, 118, 119
門楼、門衛小屋 gatehouse 8, 9, 11, 14, 23, 100, 112-113, 119

●ヤ行

床 floors 69-70

●ラ行

ライム・パーク、チェシャー Lyme Park, Cheshire 22, 33, 118
ラウザー・カースル、カンブリア Lowther Castle, Cumbria 50, 118
酪農室 dairy 87-88, 94-95
ラチェンズ(サー・エドウィン・ラチェンズ) Lutyens, Sir Edwin 57, 60, 116, 122-123
ランベス・パレス、ロンドン Lambeth Palace, London 100
リトル・モートン・ホール、チェシャー Little Moreton Hall, Cheshire 8, 84, 85, 118
領主館、マナー・ハウス manor/manor house 9, 14, 106-108
ルネサンス Renaissance 16, 18, 20, 37
礼拝堂、教会 chapel/ church 11, 86, 110-111, 120
レプトン(ヘンリー・レプトン) Repton, Henry 103
レン(クリストファー・レン) Wren, Sir Christopher 25, 117
レンジ ranges (cooking) 90-92
ロイヤル・パヴィリオン、イーストサセックス Royal Pavilion, Brighton 51, 119
ロココ、ロココ様式 Rococo 64, 66, 69, 111
ロング・ギャラリー long gallery 19, 20, 84-85, 115, 117-119
ロングリート・ハウス、ウィルトシャー Longleat House, Wilts 19, 118

おすすめ訪問先
PLACES TO VISIT
詳細はP.115〜120

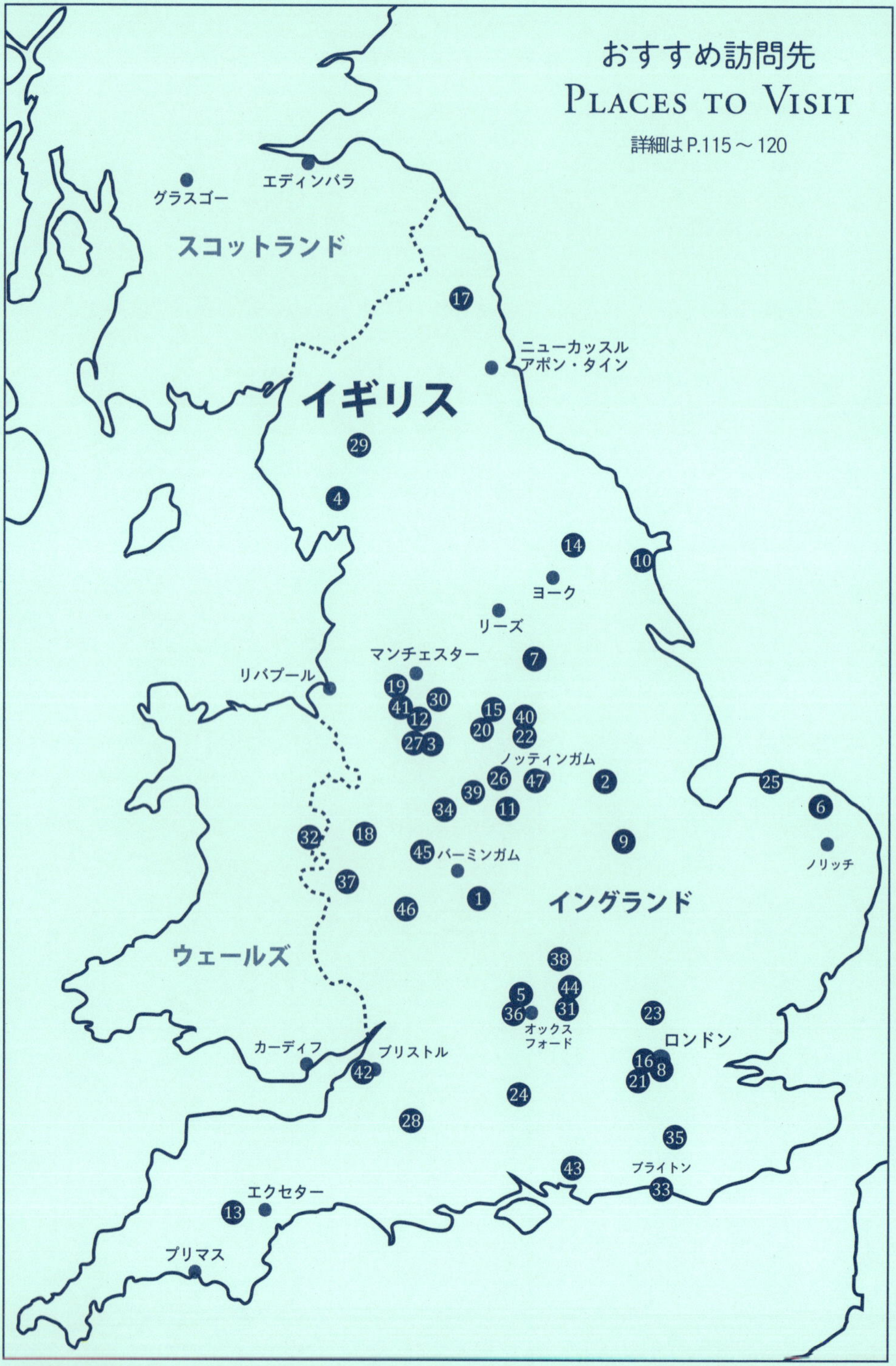

❶ バッダースリー・クリントン（NT）
❷ ベルトン・ハウス（NT）
❸ ビダルフ・グレインジ・ガーデン（NT）
❹ ブラックウェル、アーツ・アンド・クラフツ・ハウス
❺ ブレニム・パレス
❻ ブリックリング・ホール（NT）
❼ ブロズワース・ホール（EH）
❽ バッキンガム・パレス
❾ バーリー・ハウス
❿ バートン・アグネス・ホール
⓫ コーク・アビー（NT）
⓬ ケープスソーン・ホール
⓭ カースル・ドローゴー（NT）
⓮ カースル・ハワード
⓯ チャッツワース
⓰ チジック・ハウス
⓱ クラッグサイド（NT）
⓲ クロンクヒル、アッティンガム・パーク・エステート（NT）
⓳ ダナム・マッシー（NT）
⓴ ハドン・ホール
㉑ ハンプトン・コート・パレス
㉒ ハードウィック・ホール（NT）
㉓ ハットフィールド・ハウス
㉔ ハイクレア・カースル
㉕ ホーカム・ホール
㉖ ケドルストン・ホール（NT）
㉗ リトル・モートン・ホール（NT）
㉘ ロングリート
㉙ ラウザー・カースル
㉚ ライム・パーク（NT）
㉛ ネザー・ウィンチェンドン・ハウス
㉜ ポウイス・カースル（NT）
㉝ ロイヤル・パヴィリオン
㉞ シャグバラ・ホール（NT）
㉟ スタンデン（NT）
㊱ スタントン・ハーコート・マナー・ハウス・アンド・ガーデンズ
㊲ ストークセイ・カースル（EH）
㊳ ストウ・ハウス
㊴ サドベリー・ホール（NT）
㊵ サットン・スカースデール・ホール（EH）
㊶ タットン・パーク（NT）
㊷ ティンツフィールド（NT）
㊸ アップパーク（NT）
㊹ ウォッズドン・マナー（NT）
㊺ ウィティック・マナー（NT）
㊻ ウィトリー・コート（EH）
㊼ ウォラトン・ホール

（NT）ナショナル・トラスト
（EH）イングリッシュ・ヘリテッジ